Mistagogia da Eucaristia

Dados Internacionais de Catalogação na Publicação (CIP)
(Câmara Brasileira do Livro, SP, Brasil)

Ostdiek, Gilbert
  Mistagogia da Eucaristia : um subsídio para a formação da fé / Gilbert Ostdiek, OFM ; tradução de Enio Paulo Giachini. – Petrópolis, RJ : Vozes, 2018.

  Título original : Mystagogy of the Eucharist : a resource for Faith Formation
  Bibliografia
  ISBN 978-85-326-5848-7

  1. Eucaristia (Liturgia) 2. Eucaristia – Igreja Católica I. Título

18-17632   CDD-264.02036

Índices para catálogo sistemático:
1. Eucaristia : Igreja Católica : Cristianismo
   264.02036

Cibele Maria Dias – Bibliotecária – CRB-8/9427

Gilbert Ostdiek, OFM

Mistagogia da Eucaristia

Um subsídio para a formação da fé

Tradução: **Enio Paulo Giachini**
Revisão da tradução: **Gentil Avelino Titton**

EDITORA VOZES

Petrópolis

© 2015 by Order of Saint Benedict, Collegeville, Minnesota, United States of America.
Este livro foi originalmente publicado em inglês pela Liturgical Press, Saint John's Abbey, Collegeville, Minnesota, 56321, U.S.A., e a presente edição é publicada mediante acordo com a Liturgical Press. Todos os direitos reservados.

Título do original em inglês: *Mystagogy of the Eucharist – A Resource for Faith Formation*

Direitos de publicação em língua portuguesa:
2018, Editora Vozes Ltda.
Rua Frei Luís, 100
25689-900 Petrópolis, RJ
www.vozes.com.br
Brasil

Todos os direitos reservados. Nenhuma parte desta obra poderá ser reproduzida ou transmitida por qualquer forma e/ou quaisquer meios (eletrônico ou mecânico, incluindo fotocópia e gravação) ou arquivada em qualquer sistema ou banco de dados sem permissão escrita da editora.

CONSELHO EDITORIAL

Diretor
Gilberto Gonçalves Garcia

Editores
Aline dos Santos Carneiro
Edrian Josué Pasini
Marilac Loraine Oleniki
Welder Lancieri Marchini

Conselheiros
Francisco Morás
Ludovico Garmus
Teobaldo Heidemann
Volney J. Berkenbrock

Secretário executivo
João Batista Kreuch

Editoração: Leonardo A.R.T. dos Santos
Diagramação: Sheilandre Desenv. Gráfico
Revisão gráfica: Nilton Braz da Rocha
Capa: Idée Arte e Comunicação

ISBN 978-85-326-5848-7 (Brasil)
ISBN 978-0-8146-3719-7 (Estados Unidos)

Editado conforme o novo acordo ortográfico.

Este livro foi composto e impresso pela Editora Vozes Ltda.

Sumário

Prefácio, 7
Abreviaturas, 9
Introdução, 11

Parte I – Contextualização, 13
1 Alguns lembretes, 15
2 Procedimentos e subsídios, 23

Parte II – Mistagogia da Eucaristia, 31
3 Acolhida, 33
Interlúdio, 53
4 Proclamação, escuta e resposta à Palavra de Deus, 55
5 Os dons oferecidos do pão e do vinho, 71
6 Dar graças, oferecer os dons e interceder, 92
7 Partir o pão e repartir pão e vinho, 107
8 O envio, 127
9 Dizer amém, 139

Prefácio

Este livreto surgiu intermediado por muitas mãos.

Os conteúdos foram testados *in loco*, ao longo de vários anos, com muitos participantes em *workshops* e encontros de reflexão mistagógica sobre a Eucaristia, e foi incluindo tanto paroquianos quanto clérigos e estudantes de pós-graduação em Teologia. A eles devoto meus agradecimentos, por suas respostas e sugestões. Eu também gostaria de agradecer aos meus colegas professores da Catholic Theological Union (União Teológica Católica), que têm sido uma fonte constante de inspiração e apoio de muitas maneiras. Particularmente tenho uma dívida de gratidão para com toda a equipe da Liturgical Press, que tem sido muito solícita, paciente e muito tem auxiliado para que este volume pudesse chegar à publicação. Finalmente, desejo expressar os meus mais profundos agradecimentos à minha família e a meus amigos, meus confrades e estudantes franciscanos; todos eles me ensinaram muito sobre como a liturgia nos fala e qual é seu significado para nossas vidas. Acima de tudo, vai minha gratidão a Deus e seja dada honra e glória ao nosso Deus cheio de graça e de amor.

Gilbert Ostdiek, OFM
Professor de Liturgia
Catholic Theological Union [União Teológica Católica]

Abreviaturas

CIC – *Catecismo da Igreja Católica* (João Paulo II, 1992)

DGC – Diretório Geral para a Catequese (Congregação para o Clero, 1997)

DOL – *Documents on the Liturgy* [Documentos sobre liturgia] (Collegeville: Liturgical Press, 1982)

EG – *Evangelii Gaudium*

EN – *Evangelii Nuntiandi*

IGMR – *Instrução Geral sobre o Missal Romano* (Cidade do Vaticano, 2002)

ILM – *Introdução ao Lecionário da Missa* (Congregação para o Culto Divino e a Disciplina dos Sacramentos)

LG – *Lumen Gentium*: Constituição sobre a Igreja (Concílio Vaticano II, 21 de novembro de 1964)

LGWO – *Liturgical Gestures Words Objects* (BERNSTEIN, E. (org.). Notre Dame Center for Pastoral Liturgy, 1995)

MND – *Mane Nobiscum Domine*

MR – *Missal Romano* (Cidade do Vaticano, 2002)

OM – Ordinário da missa (in: *Missal Romano*)

RB – *A Regra de São Bento*. 2. ed. Juiz de Fora, 1999.

SC – *Sacrosanctum Concilium*: Constituição sobre a Sagrada liturgia (Concílio Vaticano II, 4 de dezembro de 1963)

SCa – *Sacramentum Caritatis*

Introdução
Qual o propósito deste livro?

Por que eles estão modificando a missa? As mudanças que se fizeram na missa será que vão modificar também o sentido da própria missa? Essas questões podiam ser ouvidas na época em que se implementou o *Missal Romano* revisado nas comunidades da Igreja Católica, no começo do advento de 2011. Sem dúvida, havia então programas de preparação bem direcionados. Muito desse material elaborado para a preparação concentrava-se em mostrar, porém, quais eram as modificações a serem feitas nas novas traduções, expondo as razões dessas modificações[1], ou então questionando a fundamentação teológica dos textos revisados[2]. Outros materiais apresentavam o plano de fundo histórico e teológico de cada parte da missa revisada[3]. As questões apresentadas por essas pessoas expressavam sua sede de ir além de meras instruções ou além da teologia acadêmica. As pessoas ainda sentem uma necessidade persistente de saber o que significa a Eucaristia para sua vida diária, para estabelecer uma conexão entre liturgia e vida. Este livro procura responder a esta necessidade.

Para melhor explicitar o que significa a Eucaristia para a vida do dia a dia, *Mistagogia da Eucaristia: Um subsídio para a formação da fé* aborda a questão a partir de uma perspectiva que difere de muitas outras fontes disponíveis atualmente. Ele apresenta uma mistagogia da Eucaristia que é um portal de

---

1. P. ex., TURNER, P. *Understanding the Revised Mass Texts*. 2. ed. Chicago: Liturgy Training, 2010.
2. HUDOCK, B. *The Eucharistic Prayer*: A User's Guide. Collegeville: Liturgical Press, 2010. Esse livro concentra-se sobretudo na oração eucarística. Para uma publicação voltada para a homilética e o potencial catequético dos textos revisados, cf. CHUPUNGCO, A.J. *The Prayers of the New Missal*: A Homiletic and Catechetical Companion. Collegeville: Liturgical Press, 2013.
3. P. ex. TURNER, P. *At the Supper of the Lamb*: A Pastoral and Theological Commentary on the Mass. Chicago: Liturgy Training, 2011.

travessia reflexivo. Coloca duas perguntas simples sobre a Eucaristia: O que devemos fazer? E o que significa isso? Para isso, o livro toma as ações rituais da Eucaristia como seu ponto de partida. Depois ele lança mão dos símbolos litúrgicos, dos textos de preces e comentário reflexivo para analisar qual o significado que essas ações rituais podem ter para a vida cristã.

Este livro se apresenta inicialmente como um subsídio pastoral para todos aqueles que são responsáveis pela formação dos fiéis e seus ministros de liturgia. Dentre esses principais que assumem responsabilidades estão os coordenadores de liturgia, aqueles que preparam os ministros de liturgia, coordenadores e catequistas do Rica (Rito da Iniciação Cristã de Adultos), e de modo especial coordenadores de educação religiosa e de formação de fé de adultos. O livro pode ser de utilidade também na pastoral estudantil e na preparação de retiros. Conquanto este livro tenha sido escrito a partir do contexto e da perspectiva católica romana, outros podem ser também convidados a fazer uso livremente dele e adaptar o que quer que lhe pareça útil a seu próprio contexto. A intenção derradeira de *Mistagogia da Eucaristia* é que possa auxiliar todos que participam da celebração da Eucaristia a fixar e refletir sobre seu mais profundo significado para a vida diária.

O esboço do livro é muito simples. O primeiro capítulo quer esboçar alguns lembretes sobre liturgia e mistagogia. O capítulo 2 busca apresentar um modelo bíblico de mistagogia e descrever alguns procedimentos práticos e recursos que podem ser usados para tanto. Os capítulos subsequentes, na parte II, refletem sobre segmentos individuais do rito da Eucaristia: Acolhida, proclamação e escuta da Palavra, apresentação dos dons do pão e do vinho, apresentação das oferendas e de si mesmo, partir e repartir o pão, ser enviado e dizer amém.

Parte I
Contextualização

1
Alguns lembretes

De que trata a liturgia? A constituição sobre a sagrada liturgia publicada pelo Vaticano II é muito clara a respeito disso: O mistério pascal ocupa o coração da liturgia. "Esta obra da redenção humana e da perfeita glorificação de Deus, da qual foram prelúdio as maravilhas divinas operadas no povo do Antigo Testamento, completou-a Cristo Senhor, principalmente pelo mistério pascal de sua sagrada paixão, ressurreição dos mortos e gloriosa ascensão" (SC 5). A constituição prossegue dizendo: Na liturgia, "mediante sinais sensíveis, é significada e, de modo peculiar a cada sinal, realizada a santificação do homem; e é exercido o culto público integral pelo Corpo Místico de Jesus Cristo, cabeça e membros" (SC 7).

Vamos nos concentrar por um momento na expressão "sinais sensíveis", perceptíveis aos sentidos. O que são esses sinais? O Catecismo da Igreja Católica explica-os do seguinte modo:

> Uma celebração sacramental é tecida de sinais e de símbolos. Segundo a pedagogia divina da salvação, o significado dos sinais e dos símbolos tem raízes na obra da criação e na cultura humana, adquire exatidão nos eventos da Antiga Aliança e revela-se plenamente na pessoa e na obra de Cristo (CIC 1145).

> A celebração litúrgica comporta sinais e símbolos que se referem à criação (luz, água, fogo); à vida humana (lavar, ungir, partir o pão); à história da salvação (os ritos da Páscoa). Inseridos no mundo da fé e assumidos pela força do Espírito Santo, esses elementos cósmicos, esses ritos humanos, esses gestos memoriais de Deus, tornam-se portadores da ação salvadora e santificadora de Cristo (CIC 1189).

Os sinais e símbolos litúrgicos, então, são construídos em estratos:

- realidades criadas que têm a função de nos relatar algo sobre seu criador;
- rituais humanos e religiosos que lançam mão dessas realidades perceptíveis em gestos sociais que habilitam as pessoas a se comunicarem entre si e com seus deuses;
- rituais da vida judaica que retomam esses rituais humanos e religiosos e os transformam em gestos e recordação da aliança; e
- rituais tirados da vida de Jesus e de seus primeiros seguidores, que posteriormente transformaram esses rituais judaicos em gestos e recordações da aliança, anunciada em palavras e atos e selada com sua morte e ressurreição (cf. CIC 1146-1152).

Esses sinais e símbolos litúrgicos servem-se de realidades materiais, ações humanas e palavras. Como indica a constituição, "mediante sinais sensíveis, é significada e, de modo peculiar a cada sinal, realizada a santificação do homem" (SC 7). A teologia clássica falava desses sacramentos como operando nesses dois modos, isto é, significando e efetivando salvação. De qualquer modo, a tensão incide mais em sua eficácia do que em sua função comunicativa. A teologia atual recuperou e deu destaque à função comunicativa. Os sinais sacramentais, eles próprios, antes mesmo de qualquer reflexão teológica, dizem o que fazem e fazem o que dizem. São como palavras criadoras de Deus (*dabar*, em hebraico): "Deus disse 'faça-se a luz'; e a luz se fez" (Gn 1,3). No modo de pensar bíblico, as palavras fazem coisas, e os atos falam. A constituição nos encoraja a considerar esse poder que dispõem os sinais e símbolos sacramentais para dizer, sem palavras, o que eles realizam.

Mas como é que os símbolos comunicam?[4] A partir de sua raiz grega, a palavra "símbolo" (*syn* + *ballein*) significa reunir aquilo que estava separado. Envolvendo tanto nosso corpo quanto todos os nossos sentidos, os símbolos humanos possibilitam a comunicação entre as pessoas. Símbolos não são meros objetos; são símbolos por causa de nossas ações, aquilo que fazemos com eles. Para compreendê-los, podemos pensar em ações como trocar e portar

---

4. Parte do material apresentado nos parágrafos subsequentes foi adaptado a partir de um artigo mais antigo de Gilbert Ostdiek: "Ongoing Mystagogy Begins in the Liturgy". *Pastoral Music* 25, n. 6, ago.-set./2001, p. 21-22.

alianças de casamento ou como desfraldar e saudar bandeiras. Eles não só envolvem o corpo, mas também falam ao coração, sem necessitar de palavras para isso. Dão expressão ao que está dentro de nós e comunicam isso a outras pessoas através do som, da visão, do sorriso, do toque, dos gestos. E quando os outros recebem essa comunicação através de seus sentidos corpóreos, acontece algo mágico. Nosso si-mesmo interior está em contato com cada si-mesmo outro, para partilhar algo de nossos sonhos, de nosso amor, de nossas vidas, de nosso verdadeiro si-mesmo.

Os símbolos litúrgicos operam do mesmo modo. Reúnem nosso si-mesmo corpóreo e o Deus oculto a quem adoramos, que está presente em nós em sinais e símbolos tangíveis. A liturgia começa com nossos corpos. Basta pensar no banho de água batismal, na partilha de alimento e bebida, quando se unge alguém com óleo etc. Os símbolos litúrgicos começam com nossa ação corpórea, mas não se detêm ali; nos conduzem para o mistério ali escondido. Purificação espiritual, alimento da alma, cura do espírito. E, maravilha das maravilhas, as palavras de nossa liturgia nos relatam sempre de novo que não somos precisamente nós que realizamos essas ações humanas sagradas; antes, nossa ação litúrgica incorpora a ação de Cristo: "O Evangelho do Senhor". "Que a paz de Cristo..." Símbolos litúrgicos nasceram para servir à comunicação. Eles evidenciam e disponibilizam para ser usufruído tudo que nos une, especialmente o amor de Cristo e nosso amor mútuo. "Pessoas que se amam criam sinais de amor"[5].

Assim, a catequese litúrgica precisa considerar o que as ações rituais da liturgia têm a dizer, não apenas em palavras, mas em sua verdadeira atuação performativa. De acordo com o *Catecismo*, esse significado incorporado toma por base o uso de coisas criadas nos rituais humanos e judaicos, transformando aquilo que dizem e fazem esses rituais. Essa estratificação e transformação do significado nos ritos litúrgicos vai adquirir uma importância decisiva para a mistagogia, uma vez que é nos próprios rituais litúrgicos que se inicia a mistagogia.

---

5. BISHOPS COMMITTEE ON THE LITURGY. *Music in Catholic Worship* 4. Washington: National Conference of Catholic Bishops, 1972 [ed. revisada: 1983].

Sobre a mistagogia

Muita gente, quando ouve falar em "mistagogia", faz logo referência com o período do catecumenato que se segue aos sacramentos da iniciação. Para avaliar perfeitamente o que significa mistagogia e compreender sua função, temos de dar um passo atrás e situá-la num contexto um pouco mais amplo. A Igreja considera a catequese, que inclui a mistagogia, como uma forma de ministério da Palavra. O ministério, por seu lado, é um "elemento fundamental" naquilo que a Igreja chama de evangelização[6]. Um outro nome que se dá à evangelização é a missão da Igreja. Essa missão é a que Jesus confiou a seus discípulos antes de sua ascensão. "Ide e fazei discípulos por todas as nações" (Mt 28,19). Sua missão é ser uma extensão de si mesmo. "Como o Pai me enviou, eu também vos envio" (Jo 20,21). A missão da Igreja é aquilo que Deus confiou a Jesus. O nome resumido para sua missão é o "reinado de Deus". Ele foi enviado para anunciar e trazer o reinado. Nesse reinado, o mais importante de tudo são atitudes e valores de amor, perdão, reconciliação e convite a todos para sentarem-se à mesa. Isso porque, antes de qualquer outra coisa, o Deus que o enviou "é amor" (1Jo 4,8).

Documentos da Igreja (p. ex., DGC 47-69) nos dão conta de que a missão da Igreja de instaurar o reinado de Deus desdobra-se em quatro etapas. A primeira etapa é chamada de *proclamação silenciosa*. Trata-se do testemunho vivo dos discípulos de Cristo, que em suas vidas mostra aos outros como deve ser a vida no reinado de Deus[7]. Testemunho silencioso é extremamente importante para o avanço do trabalho de evangelização. Sem ele, os passos seguintes não terão credibilidade ou sucesso.

A seguinte etapa é a *atividade missionária*, ou seja, a *proclamação explícita* do Evangelho. Via de regra associamos isso com "missionários", mas todos nós temos alguma função a desempenhar ali[8]. No encerramento de todas as celebrações eucarísticas, todos nós somos enviados em missão, para proclamar o Evangelho e glorificar a Deus no modo como vivemos.

---

6. CONGREGAÇÃO PARA O CLERO. *Diretório Geral para a Catequese*. 5. ed. São Paulo: Paulinas, 2007, 50 [doravante, DGC, com numeração de parágrafos].
7. Para uma descrição muito bem feita do poder evangelizador do testemunho silencioso, cf. EN 21.
8. O Papa Francisco escreveu: "Em virtude do batismo recebido, cada membro do Povo de Deus tornou-se discípulo missionário. [...] Cada cristão é missionário na medida em que se encontrou com o amor de Deus em Jesus Cristo; não digamos mais que somos 'discípulos' e 'missionários', mas sempre que somos 'discípulos missionários'" (EG 120).

A terceira etapa na missão da Igreja é a formação de comunidades cristãs locais. Isso ocorre através de *atividade iniciática*. O rito de iniciação cristã de adultos (Rica) é atualmente um foco em franco crescimento da atividade de iniciação com adultos.

Uma vez formada a comunidade cristã, a quarta etapa é a *atividade pastoral*, cuidando da formação continuada na vida cristã. Há elementos de catequese em cada uma das quatro etapas da missão da Igreja. A forma de mistagogia que é nosso foco encaixa-se na quarta etapa, como parte da atividade pastoral da Igreja.

Notamos acima que a mistagogia se enquadra no contexto mais amplo da catequese. Isso requer uma análise mais precisa. Mistagogia é uma forma de catequese litúrgica, que é ela própria uma entre diversas outras formas de catequese. Os documentos da Igreja falam de catequese litúrgica como "uma forma eminente" de catequese (DGC 71). A catequese litúrgica acontece em diversas fases:

- catequese que prepara para a celebração da liturgia (Rica e sequentes);
- catequese que acontece com a própria celebração; e
- catequese que se segue e promana da celebração.

Essas três fases podem ser caracterizadas como catequese *para*, *através* e *a partir da* liturgia[9].

A fase dois, catequese *através* da celebração da liturgia, muito embora não seja conhecida tecnicamente como mistagogia, merece aqui alguns comentários a mais. O *Catecismo* (n. 1074) qualifica a liturgia como "o lugar privilegiado da catequese do Povo de Deus". Isso significa que a celebração da liturgia, que é primordialmente adoração de Deus, também nutre a fé (SC 33) e tem um poder formativo permanente, enquanto o ano vai se desdobrando[10]. O *Catecismo* (n. 1075) ensina que o objetivo da catequese litúrgica é "introduzir no mistério de Cristo". A iniciação no mistério de Cristo ocupa o coração da catequese, do mesmo modo que ocupa também na liturgia. Essa iniciação começa na liturgia, nos sacramentos da iniciação, e prossegue em todas as subsequentes celebrações da Eucaristia e nos outros sacramentos; ela prossegue igualmente na formação mistagógica pós-sacramental.

---

9. Catherine Dooley acrescenta uma quarta fase: catequese para a missão (in: "To Be What We Celebrate: Engaging the Practice of Liturgical Catechesis". *New Theology Review* 17, n. 4, nov./2004, p. 9-17).

10. *Normas universais sobre o ano litúrgico e o calendário*. Este documento pode ser encontrado entre o material introdutório do *Missal Romano*.

Assim, a própria liturgia pode ser qualificada como o início da mistagogia. Mas como isso deverá acontecer? Há diversos aspectos da celebração que tornam isso possível. Primeiro, se aqueles que organizam e lideram a celebração estão "profundamente imbuídos do espírito e da força da liturgia", então se tornam modelos e mestres para os fiéis (SC 14). Segundo, se a celebração "corresponder, tanto quanto possível, às necessidades, à preparação espiritual e à mentalidade dos participantes" (IGMR 352), eles serão capazes de frequentá-la com mais leveza e dela se apropriar. Terceiro, a celebração irá iniciar o processo de abertura dos símbolos, quando esses forem tanto humanos quanto sagrados. Ou seja, os símbolos irão auxiliar as pessoas estabelecer uma conexão entre liturgia e vida, quando esses forem moldados com o cuidado amoroso e suportarem o selo da mão do feitor (i. é, eles são humanos) e ainda serão "capazes de suportar o peso do mistério, da adoração, da reverência, do milagre" (i. é, eles são sagrados)[11]. Os símbolos são necessários para mostrar tanto os traços de sua origem nos rituais humanos quanto a memória e impressão de como seu significado foi transformado pela ação salvífica de Deus na história da salvação. Esses símbolos são "dignos, decentes e belos, sinais e símbolos das coisas do alto" (SC 122). Quarto, uma versão mistagógica de expressões, deixadas à discrição do presidente da celebração, como no caso da homilia, de motivações e breves introduções pode abrir o significado da liturgia para a vida. Nesse tipo de iniciativa, a própria celebração pode tornar-se uma "primeira catequese" muito efetiva, e o começo de uma mistagogia formal a ser seguida.

A terceira e última fase da catequese litúrgica, que faz parte da formação permanente da comunidade, inclui a mistagogia que é tema de abordagem aqui. Essa é a catequese que se segue depois da e que promana *da* celebração litúrgica[12].

O que é mistagogia? As origens da palavra "mistagogia" irá nos ajudar a compreender essa questão. Na antiga cultura religiosa da Grécia, mistagogia

---

11. UNITED STATES CONFERENCE OF CATHOLIC BISHOPS. *Built of Living Stones*: Art, Architecture, and Worship Washington: USCCB, 2000, n. 146-148.
12. Usualmente o termo "mistagogia" refere-se à quarta fase do Rica. A catequese litúrgica prossegue após a iniciação como parte da atividade pastoral e da formação permanente da comunidade, citada de modos diversos no DGC, como "educação permanente", "formação permanente", catequese permanente" (51,71). Apesar de essa catequese litúrgica permanente, chamada de "uma forma eminente" de catequese, ser descrita tanto como preparação para os sacramentos quanto promoção de uma profunda compreensão e experiência da liturgia (71), ela implementa o que se pode ver como uma extensão do período de mistagogia do Rica. Este livro emprega o termo "mistagogia" nesse sentido ampliado.

significava ser introduzido nos mistérios (p. ex., nos ritos religiosos dos cultos mitraicos). Os radicais das palavras gregas eram *myein*, alguém que fecha os olhos/a boca em sinal de admiração à experiência a esses ritos sagrados, e *ago*, guiar ou orientar. O guia experiente era chamado de mistagogo. Mistagogia é uma espécie de aprendizagem, um aprender fazendo. Trata-se de um processo humano natural em uso ainda nos dias atuais – aprendemos a guiar ou a cozinhar fazendo exatamente isso sob a orientação de um motorista experimentado ou de um cozinheiro que nos explique como fazer isso e nos oriente sempre de novo até que possamos fazer isso por nossa própria conta. O "isso" em nosso contexto é iniciação na morte e ressurreição de Jesus.

Como funciona a mistagogia? Depois de percebermos que o objetivo da catequese litúrgica é "introduzir no mistério de Cristo", o *Catecismo* acrescenta: "procedendo do visível para o invisível, do significante para o significado, dos 'sacramentos' para os 'mistérios'" (1075). Essa é uma descrição simples, mas bem pertinente[13].

Há três passos no processo da mistagogia. O ponto de partida é a experiência dos sinais e símbolos litúrgicos empregados na celebração. Sem precisar lançar mão de palavras, eles já estabeleceram comunicação conosco o que se cumpriu no sacramento; eles apresentam o significado. As palavras que acompanham a ação ritual nos apresentam a primeira articulação do que são esse significado e esse efeito. No entanto, essa articulação ainda não é o significado plenamente exposto do que é trazido à luz pela reflexão formal mistagógica[14]. Assim, a mistagogia passa do visível para o invisível, dos sinais litúrgicos para aquilo que eles significam, dos sacramentos para o mistério. Esse é o ponto de partida da mistagogia formal.

O próximo passo, a mistagogia propriamente dita, é o processo formal estruturado que auxilia as pessoas a nomear e refletir sobre sua experiência litúrgica. Mantendo-se fiel na realidade multiestratificada de símbolos acima descritos, essa reflexão pode nos levar à experiência do ritual humano subjacente, naquilo que as Escrituras e a tradição nos contam sobre a transformação

---

13. Para um comentário, cf. DOOLEY, C. "From the Visible to the Invisible: Mystagogy in the Catechism of the Catholic Church". *The Living Light*, 31, primavera/1995, p. 29-35.
14. De fato, como nos ensinam os estudos rituais, o significado de ritual vai muito além daquilo que as palavras jamais conseguem exprimir sobre ele. Ritual tem seu próprio modo de conhecimento. Cf. JENNINGS, T.W. "On Ritual Knowledge". *Journal of Religion* 62, 1982, p. 111-127.

desses rituais na vida judaica e especialmente na vida de Jesus e seus primeiros seguidores. Isso pode valer-se das palavras que acompanham as ações rituais e das reflexões subsequentes dentro da comunidade cristã para interpretar o significado dos ritos. E, acima de tudo, elas convidam as pessoas a conectar esses rituais com o mistério pascal de Cristo[15].

O passo final no processo mistagógico é a mistagogia para a missão, para guiar as pessoas para inserirem a si próprias na história de Cristo e perguntar o que isso significa para a vida cristã. Como é que se pode conformar e formar a vida cristã nos moldes da vida, morte e ressurreição de Cristo, numa caminhada de morrer a si mesmo e ressuscitar para a novidade de vida nele? Os cristãos são missionados a partir da Eucaristia para vivenciar na vida lá fora essa morte e ressurreição, como testemunhas silentes, no mundo[16], e quando retornam dessa missão para novamente celebrar a Eucaristia, então se completa e se repete o ciclo de liturgia e vida.

---

15. O Rica (n. 37) descreve o período da mistagogia do seguinte modo: "Terminada esta última etapa, a comunidade unida aos neófitos, quer pela meditação do Evangelho e pela participação da Eucaristia, quer pela prática da caridade, vai progredindo no conhecimento mais profundo do mistério pascal e na sua vivência cada vez maior". Note-se o paralelismo com o n. 76 do Rica, que convoca os catecúmenos para que sejam formados pelo ensino, pela vivência comunitária, pela celebração litúrgica e levando uma vida de testemunhos do Evangelho. Mais uma vez, trata-se de aprender fazendo, sob uma sábia orientação explicativa. DGC, 90-91 coloca o catecumenato batismal como o modelo para toda a atividade catequética da Igreja. A mistagogia permanente que temos em mente aqui pode assim buscar inspiração na mistagogia holística no período final do Rica.

16. Numa frase muito bonita, Paulo afirma que nós "carregamos constantemente em nosso corpo a morte de Jesus, de modo que a vida de Jesus também pode se fazer visível em nossos corpos" (2Cor 4,10).

2
Procedimentos e subsídios

Um paradigma bíblico

Que tipo de processo pastoral poderá se constituir num cenário fecundo para uma mistagogia efetiva? As Escrituras nos oferecem um exemplo maravilhoso: a história contada por Lucas sobre os dois discípulos no caminho para Emaús no primeiro dia da Páscoa nos dá um modelo esplêndido para como acontece a mistagogia:

> E aconteceu que, enquanto estava com eles à mesa, tomou o pão, rezou a bênção, partiu-o e lhes deu. Então, abriram-se os olhos deles e o reconheceram, mas Ele desapareceu. Disseram então um para o outro: "Não nos ardia o coração quando pelo caminho nos falava e explicava as Escrituras?" Na mesma hora se levantaram e voltaram para Jerusalém. Lá encontraram reunidos os onze e seus companheiros, que lhes disseram: "O Senhor ressuscitou de verdade e apareceu a Simão". Eles também começaram a contar o que tinha acontecido no caminho e como o reconheceram ao partir o pão (Lc 24,30-35).

"Não nos ardia o coração quando pelo caminho?" é um excelente exemplo de mistagogia. Os dois discípulos não conseguiam dar nome ao que estavam experimentando. Isso se iniciou com essa experiência, e nós precisamos retraçar a sua caminhada. Uma semana antes disso, eles vieram com Jesus para Jerusalém, onde "eles supunham que o reinado de Deus se manifestaria imediatamente" (Lc 19,11). A semana da Páscoa em Jerusalém seguiu os mesmos padrões das fases anteriores do ministério público de Jesus. Em cada uma das fases precedentes de seu ministério, no compreender de Lucas (primeiramente em sua região da Galileia onde habitava, e depois no longo período de ensinamento em Jerusalém), o relato inicial em sua mensagem urgente sobre a proximidade do reinado de Deus deu lugar a uma recusa. Em Jerusalém o modelo se repetiu. Dentro de poucos dias, os gritos de "hosana!" deram lugar a urros de "crucifica-o!" Marcos afirma que, quando Jesus foi preso no Horto das Oliveiras, "todos o abandonaram e fugiram" (14,50). Desolados pela morte de Jesus, os dois discípulos deixaram Jerusalém com suas grandes esperanças despedaçadas: "Tínhamos esperança de que Ele fosse o redentor de Israel" (Lc 24,21). Suas histórias acabaram em fracasso. Isso é pronunciado no tempo passado, indicando claramente que isso findou. Contando esse fato desse modo, eles estão afirmando também que "eles eram ex-seguidores de um profeta, dispondo ainda de um resto de vida e sem opção para onde ir, a não ser ir embora"[17]. Quando a vida assume tais circunstâncias, que outra opção resta? Eles deixaram abruptamente Jerusalém e abandonaram o grupo dos discípulos, desanimados e profundamente aflitos com o que ocorrera nos últimos dias.

As cenas seguintes desdobram-se rapidamente. O estranho faz aparecer sua história com duas questões simples: "O que vocês estavam discutindo?" e "que coisas?" (Lc 24,17-19). Depois de ouvir respeitosamente sua história angustiante, o estranho dá a ela um novo final: "Não era necessário que o messias sofresse todas essas coisas e então entrasse em sua glória?" (24,26). Jesus é um catequista mestre em atuação. Ele reconta sua história usando sua própria tradição bíblica, "começando com Moisés e todos os profetas" (24,27); Ele reconta essa história não como história de fracasso, mas como glória. Duplamente presenteados pelo fato de o estrangeiro ter escutado respeitosamente sua experiência e a nova narrativa deste, os dois discípulos oferecem-lhe hospitalidade e convidam o estrangeiro para ficar com eles.

À noite durante a ceia, o estranho torna-se seu anfitrião, os discípulos reconhecem quem Ele é e então Ele desaparece diante de seus olhos. Nesse momento a fé pascal despontou em seus corações; eles completaram o itinerário da perda completa de sua grande esperança e de sua frágil e incipiente fé nele para a fé pascal plena. "Não nos ardia o coração quando

---

17. McBRIDE, D. *The Gospel of Like*: A Reflective Commentary. Northport: Costello, 1982, p. 318.

pelo caminho nos falava e explicava as Escrituras?" (24,32). Esse é o momento da mistagogia para eles: e agora eles podem dar nome à experiência que fizeram[18].

Na força de sua nova descoberta e da nova consciência de que Jesus estava vivo, sem contar que eles já eram seus discípulos e que a missão que Ele lhes confiara era, no final das contas, também deles, eles retornaram para Jerusalém com a missão de contar aos demais "o que acontecera pelo caminho e como eles o reconheceram ao partir o pão" (24,35). O que os preparou para esse momento de mistagogia e missão foi a experiência que fizeram de revelação das Escrituras e o partir o pão – sua história dos eventos trágicos em Jerusalém foi recontada para eles e reinterpretada através da Palavra e da Mesa.

Aqui vamos encontrar um ensinamento para nós mesmos. *Mistagogia da Eucaristia* não é um exercício puramente intelectual; necessita de um contexto experiencial. Só a liturgia não é suficiente. É um dos momentos ministeriais dentre uma série de outros. Tem de começar no ministério pastoral da caminhada com os discípulos – ouvindo a história que eles têm para contar e depois ajudá-los a ver isso novamente através do olhar das Escrituras. Esses dois momentos do ministério podem ser vistos como acompanhamento pastoral e ministério da Palavra. Esse partir o pão e abrir a experiência de vida com o auxílio das Escrituras pode alcançar sua expressão plena na liturgia da Palavra (na proclamação e na homilia) e no terceiro momento, a realização da ceia do Senhor. Só isso poderá desdobrar-se e acontecer os momentos de mistagogia e missão.

A lição é essa: uma mistagogia da Eucaristia tem muito mais chances de ser efetiva quando seguir o paradigma de Emaús. O *contexto* imediato é a celebração da própria Eucaristia, a celebração na qual a presença do Senhor Ressuscitado "é revelada no partir o pão". Temos de ler a história de Emaús de trás para frente. A presença do Senhor pode ser mais bem revelada quando as ações da ceia sagrada, relembrando o melhor que há em nossas refeições humanas, for realizada orando e recordando como Jesus transformou a partilha do pão e do vinho num memorial de sua autodoação total na morte.

---

18. O que eles experimentaram não foi apenas que as Escrituras foram reveladas em sua compreensão, mas que seus corações foram incendiados. A mistagogia se dirige mais ao coração que à mente.

Isso, por seu lado, depende da liturgia da Palavra, que abre a experiência da vida dos participantes na proclamação e na homilia, de tal modo que as histórias de vida da assembleia reunida são convocadas de maneira nova e mais profunda. E isso, por seu lado, depende da caminhada que se faz junto com os discípulos para aprender, primeiramente, o que é sua história e como, no amor e no serviço aos outros, eles incorporaram em si mesmos a doação de si mesmos ao modo de ser de Jesus. Dentro desse cenário, a mistagogia da Eucaristia pode nutrir um compromisso crescente e profundo de viver a missão de testemunho cristão e trabalhar para a instauração do reinado de Deus no mundo. Desse modo, como poderemos abordar essa mistagogia?

Prioridades e procedimentos

Uma mistagogia efetiva para os participantes da celebração da Eucaristia pode ser aprimorada de diversas maneiras. Seguem-se algumas recomendações práticas tiradas de minha própria experiência.

• Cuidar para que as celebrações litúrgicas recebam os melhores cuidados possíveis e sejam as mais devotas possíveis. A primeira prioridade e tarefa pastoral na realização da mistagogia da Eucaristia é assegurar que as próprias celebrações e toda a atividade pastoral precedente tenham sido feitas com o máximo de eficácia possível por um bom período. Isso dá solidez a uma rica experiência fundamental na qual poderá refletir-se então a mistagogia.

• Planejar uma abordagem da mistagogia que valorize as habilidades do mediador. Em minha experiência, um estilo interativo está mais apto a levar os adultos para acolher esse processo. Um dos princípios basilares da educação de adultos é envolver os participantes no processo, de modo que eles possam aprender tanto a partir de suas próprias experiências quanto da experiência acumulada na história da Igreja[19].

---

19. *Sharing the Light of Faith* [o diretório catequético da conferência episcopal estadunidense] coloca um acento todo especial na abordagem experimental da catequese (176.d), indicando "que os adultos podem desempenhar um papel central em sua própria educação" (185.b). *Adult Catechesis in the Christian Community* (1992), do Conselho Internacional para a Catequese, assevera "a importância fundamental de uma abordagem dialógica" (57 [grifos no original]). Esse documento pode ser encontrado em: *The Catechetical Documents*: A Parish Resource. Chicago: Liturgy Training, 1996. Cf. tb. DGC 172-176.

- Na preparação dos encontros, os mediadores devem estar bem preparados e inteirados das suas ações rituais, nas raízes humanas e cristãs e nos inumeráveis significados que essas ações possam ter. Isso permite que o mediador ajude os participantes a estabelecer uma conexão entre a liturgia e suas vidas cotidianas. Além de outros recursos possíveis, incluem-se nos próximos capítulos também algumas instruções básicas. O uso desses recursos cumpre melhor a proposta da mistagogia, supondo-se que o objetivo não é oferecer informação técnica detalhada, mas antes oferecer respostas e reflexões bem focadas, em interação com os participantes. A flexibilização na apresentação desse material é uma habilidade que, com a prática, pode se transformar numa arte.

- Colocar atenção especial no ambiente físico. A teoria da educação de adultos destaca a importância de uma atmosfera acolhedora. O arranjo da sala de aula tradicional sugere subliminarmente o envolvimento passivo dos participantes. Uma configuração em forma de círculo apresenta melhores condições e encoraja para uma participação mais ativa.

- Criar um ambiente acolhedor lançando mão de luz, cores e símbolos apropriados. O ambiente pode incluir também a introdução de um ou mais símbolos usados na celebração da Eucaristia (ou Fração do Pão), para ganharem destaque dentro do encontro. Nesse sentido, o professor de Educação Religiosa Thomas Groome recomenda que se lance mão de alguma atividade de concentração que também convide os participantes a partilhar seus próprios estados de espírito, para adquirir um respeito e uma disposição mútua para adentrarem juntos naquilo que a mistagogia irá desdobrar[20]. É bem provável que uma simples oração (p. ex., um Pai-nosso) não seja suficiente para isso.

- Uma maneira efetiva de começar o encontro mistagógico propriamente dito é pedir aos participantes para que digam o nome de todas as ações rituais que compõem a parte da Eucaristia que está sendo refletida. Na mistagogia da Igreja primitiva, esses elementos eram mencionados um por um e depois desvelados pelo bispo ou pelo diácono que dirigia a mistagogia. À luz do acima referido princípio para a educação de adultos, será melhor envolver os participantes no processo de nomeação através de uma série de

---

20. Para uma discussão mais detalhada, cf. GROOME, T.H. *Sharing Faith*: A Comprehensive Approach to Religious Education and Pastoral Ministry. São Francisco: Harper, 1991, p. 155-174.

questões. No começo do encontro, pode ser que uma abordagem alternativa ou complementar possa fazer com que eles revivam essa parte da liturgia como memorial e imaginação[21].

• As duas questões fundamentais na mistagogia são: 1) o que vamos fazer? e 2) o que isso significa? Assim, a reflexão começa nomeando e descrevendo a ação ritual antes de perguntar e refletir sobre o que isso significa.

• Em virtude de participantes que têm mais facilidade de aprendizado visual, eu aprendi que é fecundo lançar mão de modelos de apresentação visual. PowerPoint ou outra tecnologia similar é bastante efetiva e não é difícil de usar.

• Quando for criar uma apresentação de PowerPoint, tenha em mente as seguintes recomendações:

• Letras douradas sobre um fundo azul-escuro são a melhor combinação para o olho humano fazer a leitura. Um fundo muito "tumultuado" pode criar distrações a quem assiste. Essa modalidade pode ser aplicada a todos os *slides* de PowerPoint de uma só vez ou compor um estilo permanente num formato-padrão.

• *Slides* de PowerPoint totalmente tomados de escrita dividem a atenção dos participantes, distraindo-os. Em vez disso, será bom inserir uma caixa de texto que contenha cada qual uma palavra-chave ou um conceito vital, expresso com algumas palavras apenas, que captem o ponto central daquilo que está sendo expresso. Essas caixas podem ir sendo expostas uma após a outra, usando a função de animação, de modo que os participantes podem ir se concentrando em cada ideia na medida em que vão sendo expostas.

• Quando se coloca um texto um pouco mais extenso na íntegra, um recurso que poderá ser utilizado é formatar a caixa de texto com um fundo de coloração mais leve e colocar o texto em cor azul escuro. É possível ir iluminando e destacando sequencialmente algumas palavras ou frases

---

21. A teoria sobre a educação de adultos costuma acentuar o papel da imaginação no aprendizado de adultos (cf. p. ex., DIRKX, J. "The Power of Feelings: Emotion, Imagination, and the Construction of Meaning in Adult Learning". In: MERRIAM, S.B. (org.). *The New Update on Adult Learning Theory*. São Francisco: Jossey/Bass, 2001, p. 63-72). Em todo caso, no engajamento da imaginação dos participantes, pode-se dar um passo no que ultrapassa nossa imaginação humana sobre o significado da Eucaristia. William T. Cavanaugh (*Torture and Eucharist*. Malden: Blackwell, 1998, p. 279) escreve essas palavras que vale a pena ponderar aqui: "participar da Eucaristia é viver dentro da imaginação de Deus". Como é que nossa imaginação humana pode sofrer um desdobramento dentro da imaginação de Deus, na mistagogia?

particulares. A linha pode ser formatada por tamanho e cor e pode-se acrescentar uma animação (aparecer ou nenhuma).

- As imagens despertam interesse e facilitam a compreensão; elas podem apresentar tons de significado sutis que as palavras não conseguem captar completamente. Muitas vezes, também, as imagens podem despertar melhor a atenção de espectadores que são mais aptos à compreensão imagética do que vocabular. Em páginas da web, como Wikimedia Commons e Google Imagens, temos à disposição uma riqueza de obras da arte cristã, desde afrescos da época das catacumbas até mosaicos das absides das pinturas clássicas e figuras e fotos contemporâneas[22].

- Uma recomendação final: é importante estar aberto para descobrir o que os participantes já sabem sobre Eucaristia sem que tenha alguma vez já expresso isso em palavras. Aprendi por experiência própria que os participantes, muitas vezes, sabem muito mais do que se imagina. Uma das extraordinárias descobertas que eles fazem é conseguir pela primeira vez colocar suas experiências em palavras – como aconteceu com os dois discípulos que estavam a caminho. "Não ardiam nossos corações?" Um dos grandes benefícios da mistagogia é possibilitar que os participantes deem nome a suas próprias experiências e aprendam com isso.

Referências para reflexão

Algumas fontes gerais que podem ajudar na reflexão sobre a mistagogia da Eucaristia são:

BALDOVIN, J.F. *Bread of Life, Cup of Salvation*: Understanding the Mass. Lanham: Rowman/Littlefield, 2003 [Come and See Series].

BERNARDIN, J. *Guide for the Assembly*. Chicago: Liturgy Training, 1997.

BERNIER, P. *Living the Eucharist*: Celebrating Its Rhythms in Our Lives. Mystic: Twenty-Third, 2005.

---

22. Quando se usa imagens tiradas da web, pode-se incluir a indicação das fontes impressas em caracteres pequenos no final do *slide*. Se as imagens tiverem direito de imagem, é necessário antes obter a permissão para publicação. Há muitas imagens do Google que têm direito de imagem reservado. Mas o recurso de busca avançada inclui a opção de "direito de uso" que possibilita uma busca limitada aos resultados dessas imagens que podem ser reutilizadas e até modificadas. As imagens da Wikimedia Commons não têm direitos reservados. Em outras páginas da web o direito de uso de imagens pode variar, como, p. ex.: ATLA CDRI (Cooperative Digital Resources Initiative); EnVisionChurch Gallery of Images; Pitts Theology Library: Digital Image Archive.

BERNSTEIN, E. (org.). *Liturgical Gestures Words Objects*. Notre Dame: Notre Dame Center for Pastoral Liturgy, 1995.

BOSELLI, G. *O sentido espiritual da liturgia*. Brasília: CNBB, 2014.

DONGHI, A. *Actions and Words*: Symbolic Language and the Liturgy. Collegeville: Liturgical Press, 1997.

FISCHER, B. *Signs Words & Gestures*: Short Homilies on the Liturgy. Collegeville: Pueblo, 1981, 1990.

KELLY, T. *The Bread of God*: Nurturing a Eucharistic Imagination. Liguori: Liguori, 2001.

KOESTER, A.Y. *Sunday Mass*: Our Role and Why It Matters. Collegeville: Liturgical Press, 2007.

MAHONY, R. *Gather Faithfully Together*: Guide for Sunday Mass. Chicago: Liturgy Training, 1997.

MITCHELL, N. (org.). *Table Bread and Cup*: Meditations on Eucharist. Notre Dame: Notre Dame Center for Pastoral Liturgy, 2000.

TURNER, P. *At the Supper of the Lamb*: A Pastoral and Theological Commentary on the Mass. Chicago: Liturgy Training, 2011.

TURNER, P. *Companion to the Roman Missal*. Chicago: World Library, 2011.

Parte II
Mistagogia da Eucaristia

3
Acolhida

Agora voltamo-nos para o passo a passo da Eucaristia. Esse capítulo e os que seguem irão cada qual concentrar-se em um segmento da Eucaristia[23] e lançarão mão do seguinte esquema para cada segmento da mistagogia.

- introdução;
- instruções de suporte sobre os símbolos rituais e seu significado[24];
- esboço da sessão de mistagogia, incluindo[25]:
  - amostra de questões iniciais (em itálico) para contextualização do encontro,
  - amostra de temas para interação reflexiva[26],
  - amostra de títulos para os *slides* do PowerPoint,
  - amostra de textos para os *slides* do PowerPoint,
  - amostra de imagens para o PowerPoint;
- referências para reflexão.

---

23. Dependendo dos objetivos, dos participantes e do tempo disponível para a reflexão mistagógica, os segmentos podem ser usados de diversos modos: em encontros individuais, em combinações (p. ex., acolhida e palavra, apresentação dos dons e oração eucarística, comunhão e envio), ou combinados num encontro mais longo.

24. Essas instruções não foram imaginadas para serem as apresentações de verdade. Elas simplesmente fornecem informações e ideias básicas para o mediador, que poderá lançar mão de outros recursos materiais e experiência para usar também.

25. Esses itens são qualificados como "amostras" apenas para dar algumas dicas aos mediadores. Eu encorajaria os mediadores a que desenvolvam seus próprios itens, seguindo suas próprias perspectivas e estilos próprios. A mistagogia muito se beneficia da originalidade e autonomia do mediador e de seu entusiasmo pessoal. Os textos que aparecem entre colchetes [ ] nas tabelas não passam de indicações e instruções para o mediador.

26. Esse item e os três próximos são apresentados em tabelas para *slides* de PowerPoint e relacionados com as questões iniciais. A sequência de textos e imagens inseridos aparece muitas vezes invertida por causa do desenvolvimento do significado.

Em sua forma mais básica, a mistagogia parte das ações/símbolos litúrgicos, pedindo que os participantes deem nome e reflitam sobre ela através de duas questões: O que vamos fazer? O que significa isso?

É um processo duplo de dar nome à ação ritual e a seus símbolos e refletir sobre eles. O uso de imagens e uma abordagem de conversação interativa são altamente recomendados. Esse tipo de abordagem mistagógica requer as respostas dos participantes e explora o significado das ações rituais com auxílio de suas experiências, tanto dos rituais humanos cotidianos quanto dos rituais litúrgicos, e de vários tipos de textos, de orações do rito, o que afirmam documentos da Igreja e outros comentários, e reflexões poéticas ocasionais.

Introdução

Os ritos introdutórios da missa consistem nos seguintes elementos rituais:

- procissão de entrada;
- reverência do altar e saudação;
- ato penitencial;
- hino de louvor (glória);
- coleta.

A mistagogia para esse encontro irá se concentrar nos primeiros dois elementos.

Instruções de suporte[27]

Acolhida

Os ritos introdutórios servem como uma introdução e preparação para a missa. Sua função é "fazer com que os fiéis, reunindo-se em assembleia, constituam uma comunhão e se disponham para ouvir a atentamente a Palavra de Deus e celebrar dignamente a Eucaristia" (IGMR 46). A celebração

---

27. Essas instruções ampliam o que eu escrevi anteriormente: "A Mystagogy of the Eucharist". *Liturgical Ministry* 20, n. 4 (Fall 2011), p. 161-166. As ideias aqui repetidas, cujos direitos pertencem ao autor, são usadas aqui com permissão dos editores e não serão mencionadas em notas de rodapé.

da missa começa oficialmente com a procissão de entrada. Mas antes disso já aconteceu algo. A procissão só começa depois de "reunido o povo" (IGMR 47). O que é essa reunião que já aconteceu e o que significa? Estar juntos é

ser convocados
por alguém
para fazer alguma coisa
juntos.

Cada uma dessas frases merece uma reflexão específica. A palavra latina para designar igreja (*ecclesia*) é de fato uma transliteração da palavra grega que se refere àqueles que são devidamente convocados para uma assembleia, uma convocação pública. Assim, reunir-se juntos é "ser igreja". O edifício da igreja não passa do local de encontro para a Igreja, a casa da Igreja. Aquele que nos convoca para a reunião é Deus. Esse chamado nos atingiu de muitos modos distintos – no batismo, na formação da fé, pelos exemplos de familiares e amigos, quando se aproxima o dia e a hora de reunião, quando ouvimos os sinos da igreja, ou quando alguém nos diz "é hora de irmos". O que fazemos quando estamos reunidos em assembleia é ouvir e responder à Palavra de Deus, e partilhar a sagrada ceia. E isso é algo que fazemos juntos, como um povo consagrado, um povo convocado por Deus. Deus nos chama como um povo.

Quando é que a missa começa realmente para o povo? Eles respondem a essa questão de diversos modos. Por exemplo: quando dedicam algum tempo para ler as Escrituras antes do domingo, ou quando colocam os trajes de missa e se aprontam no domingo de manhã, ou quando chegam à Igreja e são saudados por ministros da acolhida ou outros membros da comunidade, ou quando se assentam nos bancos ou se ajoelham para um momento de oração silenciosa, ou quando começa o cântico de entrada, ou quando finalmente seus espíritos se aquietam e eles escutam realmente as leituras. Mas a lista de exemplos é bem mais extensa.

O reunir-se juntos é um itinerário, uma peregrinação para o local de adoração. Viemos de nossos lares e famílias, de nossos grupos de colegas e locais de trabalho da semana que passou, de todos os percursos da vida. Trazemos conosco tudo que experienciamos desde nosso último encontro – enfermidades, saúde, sucesso, fracassos, amizades fortalecidas, quebra de relações, angústias e preocupações, desapontamentos, sonhos e esperanças.

Trazemos nossas vidas, trazemos a nós mesmos, nosso mundo. Tudo isso carregamos conosco quando caminhamos rumo ao local de encontro. Podemos pensar em nosso agrupamento para a missa como uma procissão informal de entrada, uma grande corrente de pessoas caminhando juntas, que compõem o prelúdio para a procissão formal do rito. Nós somos a vanguarda dessa procissão de entrada solene. "Assim, essa é a procissão de entrada, vinda de todas as direções, composta de todas as idades, de diversas raças, uma enorme variedade de circunstâncias econômicas e visões políticas – e falando no mínimo três línguas nativas! Mas todos estão numa grande procissão, reunindo-se na casa da Igreja. 'Subiremos com alegria'"[28].

Procissão de entrada

Oficialmente, a missa começa com a procissão formal de entrada. O que é uma procissão? Uma poetisa expressa-a do seguinte modo:

> O que é procissão?
> Movimento de lugar para outro lugar,
> movimento mensurado, movimento majestoso,
> uns poucos representantes trilhando uma distância representativa:
> jornada destilada.
> É isso que são todas as jornadas, é algo que proclama,
> essa é uma jornada em seu coração.
> De novo e mais uma vez,
> de semana para semana,
> de geração a geração,
> há algo que começa e algo que se conclui;
> algo como portas que se fecham atrás e outras que se abrem à frente,
> de encontros e caminhar juntos.
> O que é procissão? Uma jornada, destilada.
> De geração a geração, de leste a oeste
> nós pulamos, coxeamos, marchamos e corremos
> e embaralhamos e perambulamos por nossos vários caminhos.
> Nossas histórias reverberam nas pisadas mesuradas.
> De geração a geração, de leste a oeste
> nossos pés apressados marcaram
> os picos e vales, a areia e as pedras,

---

28. MAHONY, R. *Gather Faithfully Together*: Guide for Sunday Mass. Chicago: Liturgy Training, 1997, p. 43.

o barro, a relva, o pó,
os córregos.
Nos detemos agora em ritmo solene para recordar:
todo solo é solo sagrado.
Viemos interiormente descalços.
O que é procissão?
É jornada destilada – jornada em seu coração.
Uma reunião num movimento
da Igreja a caminho:
O povo peregrino, empoeirado, povo que anela,
caminhando ainda de cabeça erguida;
conhecendo a nós mesmos, mostrando a nós mesmos
para ser a nação real, o povo sagrado
conquistado pelo Filho,
chamado por sua Palavra,
reunido em torno à sua mesa.
Ali descobrimos novamente,
de geração a geração, de leste a oeste,
para todas as nossas jornadas,
a fonte, o solo, a companhia, o caminho[29].

Que frases maravilhosas: "uns poucos representantes trilhando uma distância representativa", "jornada destilada", "jornada em seu coração". Os ministros entrando em procissão marcham em nosso lugar. Como vemos, a procissão convida a todos nós para marchar com eles em espírito, para entrar nesse solo sagrado, "interiormente descalços".

Assim, a procissão de entrada é diferente de uma chusma de pessoas caminhando ao longo da estrada, ou de uma manifestação. Mas o que é que a torna diferente? Para responder a essa questão, precisamos formular outras questões: Como é que os ministros vão conduzindo a si próprios enquanto caminham e quais são as ações rituais que eles realizam enquanto caminham ao longo da procissão? Há uma cruz processional elevada e flanqueada por duas velas que seguem em frente à procissão. Depois vem o ministro da Palavra trazendo ao alto o livro do Evangelho, seguido pelo diácono e o presidente da celebração. Por que são trazidos a cruz, as velas e o Evangeliário atravessando em meio à assembleia em procissão solene? O que eles nos querem dizer sobre nós próprios e sobre a celebração que logo se segue?

---

29. SCHLICHTING, J. "Processing". In: BERNSTEIN, E. (org.). *Liturgical Gestures Words Objects*, 8. Notre Dame: Notre Dame Center for Pastoral Liturgy, 1995 [Doravante, LGWO].

A cruz processional

Que história nos conta a cruz? Em resposta a essa questão, o povo não tem receio em identificar que a cruz nos conta a história da morte e ressurreição de Jesus. Conta-nos sobre o momento em que Ele oferece a si mesmo completamente para nossa salvação, uma auto-oferenda que Deus aceita ressuscitando-o dos mortos. A morte de Cristo na cruz, no entanto, não foi uma ação isolada. Sua jornada de auto-oferenda começou com a encarnação, quando Ele

> esvaziou-se a si mesmo,
> assumindo a condição de escravo,
> tornando-se solidário com os seres humanos (Fl 2,7).

O processo de auto-oferenda continuou durante seu ministério público. Jesus nos ensinou através de palavras, parábolas e ações como devemos aceitar e tratar uns aos outros, dedicar-nos nós próprios a servir aos outros em suas necessidades, abandonando o egoísmo e perdoando. Ele nos legou esse modo de vida no grande mandamento do amor e na última ceia Ele nos ordena "fazei isto em memória de mim" (Lc 22,19)[30], devemos também lavar os pés uns aos outros (Jo 13,14). Sua vida de autoesvaziamento alcançou seu final e sua expressão mais completa quando

> humilhou-se, feito obediente até a morte,
> e morte numa cruz (Fl 2,8).

Mas como é que essa cruz processional conta essa história? A história nos legou diversas imagens da cruz. Algumas dessas cruzes foram encontradas nas catacumbas, onde a cruz às vezes toma a forma de um *Xi Ro* (XR são as duas primeiras letras do nome "Cristo" em grego: XRISTOS), ou onde a cruz se torna em estandarte para uma flâmula ou uma coroa dos louros da vitória[31]. Esse mesmo tema da vitória torna-se ainda mais explícito no século IV, quando Santa Helena descobre a verdadeira cruz em Jerusalém. Uma cruz incrustrada com joias se tornou rapidamente uma imagem comum em mosaicos de absides das igrejas cristãs, por exemplo, em Santa Pudenciana em Roma (384-

---

30. As "palavras" de Jesus pronunciadas sobre o pão e o cálice anunciam antecipadamente o significado salvífico de sua morte. Retomaremos essas palavras no capítulo 6.

31. Esse tipo de "disfarce" da cruz pode ter sido uma tentativa inicial de evitar o escárnio a respeito do escândalo do fundador do cristianismo ter sido executado como um criminoso comum.

399 d.C.)[32]. Mais tarde, a morte de Cristo foi retratada, em palavras e em imagens, caindo dormente do madeiro da cruz. O Crucifixo de Gero na Catedral de Colônia (c. 965-970 d.C.) apresenta esse tipo de imagem. Pode-se ver ali um ar de paz na figura de Cristo. Uma outra leitura sobre sua morte pode ser constatada numa cruz (c. 1230 d.C.) na Galeria Nacional da Úmbria, em Perugia, na Itália. Nessa retratação os braços de Cristo estão soltos, liberados da cruz e se estendem abaixo convidando o expectador a um abraço de amor.

A história também nos legou outras imagens que contam uma história mais viva do sofrimento e da morte. Basta pensar na figura esquelética e emaciada das cruzes "de flagelo", como a que se encontra em Colônia (1301 d.C.). Acredita-se que ela tenha poder de cura (como o crucifixo do Cristo Negro em Chimayo, no Novo México), e acabou se tornando um lugar popular de peregrinação e preces na metade do século XIV, quando se buscava a cura durante o período da Peste negra. As pessoas dessa época viam seus próprios sofrimentos retratados na figura esquelética e emaciada do crucificado. Ou então pense-se no Altar de Isenheim (c. 1510-1515 d.C.), que se acredita tenha sido feito por Matthäus Grünewald. A carne do Cristo parece pútrida, suas mãos e extremidades estão crispadas em agonia. Localizado sobre um altar na capela de um leprosário da Alsácia, não está convidando os fiéis a refletir sobre a missa que ali é celebrada, mas convida a identificar-se com Cristo em sua desfiguração e sofrimento. Pense-se também nas imagens realistas do Cristo flagelado e crucificado que ainda podem ser encontradas em tantos países cristianizados pelos missionários espanhóis. Nessas imagens familiares e amadas, as pessoas veem o sofrimento de Cristo que se reflete em suas próprias vidas. Eles amam igualmente um outro tipo de imagem – a cruz na qual são retratadas as histórias e cenas de suas próprias vidas e de seu trabalho cotidiano.

Então, que outras histórias contam essas cruzes? O Cristo disse que todo aquele que deseja tornar-se seu discípulo tem de "tomar sua cruz" e segui-lo (Mt 16,24). Deparamo-nos aqui com inúmeros modos, alguns mais latos outros mais estritos, nos quais morremos para o pecado e para o egoísmo e ressurgimos para a novidade da vida dia após dia. Karl Rahner afirma que a

---

32. Santa Pudenciana, uma das primeiras igrejas de Roma, foi construída sobre o lado de uma igreja doméstica primitiva. Seu mosaico da abside do século IV, restaurado de forma simples no século XVI, mostra o Cristo sentado, vestido de púrpura, um traje artístico usado pelos magistrados e mestres. No fundo a linha do horizonte de Jerusalém da época pode ser claramente percebida, e postada no topo de uma colina (Calvário) encontra-se uma cruz ampla, incrustada de joias.

história do mundo é uma terrível e sublime história de morte e ressurreição que alcançou seu cumprimento máximo na morte e ressurreição de Cristo[33], ao qual todos nós somos convocados a ajuntar nossos momentos de morte e ressurreição diários. A cruz trazida na procissão de entrada conta a história de Jesus. Mas ela também abarca essa liturgia da morte e ressurreição do dia a dia que todos nós trazemos para a assembleia. Ela conta também a nossa própria história.

Velas

Que história contam as velas? Nessa nossa era de luzes eletrificadas, as velas foram perdendo cada vez mais seu espaço e uso prático. Usamos velas mais comumente para criar uma atmosfera de acolhimento pela chama mansa e o suave odor que ela exala, ou talvez para preparar um ponto nuclear para ajudar na concentração nas orações. Em tempos mais antigos, ou quando, hoje em dia, falta energia elétrica, as velas servem para lançar um pouco de luz e nos ajudar a encontrar o caminho na escuridão e também para nos fornecer um pouco de calor nos dias frios de inverno. Enquanto o pavio vai queimando, as velas vão derretendo e se consomem nesse processo; servem realmente de imagem da morte, de serviço a suas próprias expensas.

Quando se pergunta aos cristãos o que significa *a vela*, as pessoas costumam responder prontamente que se trata do círio pascal. Acendemos o círio durante a vigília pascal. À medida que a luz da vela vai passando de um fiel ao outro, a igreja onde nos encontramos reunidos vai sendo gradualmente iluminada e vai se tornando mais clara com sua luz, a luz que vai dançando em nossos rostos. Isso nos diz que, enquanto estamos junto com o Cristo, nós também nos tornamos em luz do mundo. Em que outras épocas usa-se também o círio pascal? As pessoas podem falar sobre isso. Nós costumamos usá-lo durante todo o período pascal e em todo e qualquer batizado ou funeral. Sua luz marca o começo e o final de nossa vida enquanto discípulos de Cristo. Jesus disse: "Eu sou a luz do mundo. Quem me segue jamais andará nas trevas, mas terá a luz da vida" (Jo 8,12). Ele também disse a seus discípu-

---

33. Karl Rahner chama a isso de "liturgia do mundo", em seu artigo "Considerations on the Active Role of the Person in the Sacramental Event" (In: *Theological Investigations*. Vol. XIV. Nova York: Seabury, 1976, p. 161-184). Vamos retomar esse tema no cap. 8.

los: "Vós sois a luz do mundo" (Mt 5,14). Ele os ensinou que não deveriam esconder sua luz, mas colocá-la sobre um candeeiro para que assim brilhasse diante dos outros, "de modo que possam ver suas boas obras e glorificar vosso pai que está no céu" (Mt 5,15-16). As velas carregadas na procissão de entrada nos recordam do Cristo, em quem nos tornamos luz para o mundo. Não importa se nossa luz brilhou de forma mais apagada ou mais brilhante durante a semana que passou, as velas são símbolos das boas obras, do calor e do testemunho que damos em nossas vidas e na vida dos outros, quando doamos algo de nós próprios no serviço de amor.

O Evangeliário

O Evangelho conta a história de quem? A resposta está nos modelos narrativos e na linha da história dos evangelhos[34]. Eles contam a história de vida, as palavras, feitos, morte e ressurreição de Jesus. Ele é o pioneiro, o desbravador da fé, e Ele a levou à plenitude (Hb 12,2). É o caminho que têm de seguir seus discípulos. O Evangelho conta a história que acolhemos como sendo nossa, querendo seguir seus passos e dedicar nossas vidas no serviço de amor aos outros "por minha causa e por causa do Evangelho" (Mc 8,34). O Evangeliário, trazido na procissão solene, está contando também a nossa história. A *Instrução Geral* observa que "o *Evangeliário* seja colocado sobre o altar" (IGMR 122). No capítulo 4 vamos abordar com mais profundidade o Evangeliário.

Reverência ao altar e saudação

A procissão de entrada passando pelo meio da assembleia encontra seu destino na mesa do altar. Essa mesa, a mais nobre de todas, está postada em frente à assembleia como "sinal do próprio Cristo" (*Ritual da dedicação de altar*, 4). O presidente da celebração reverencia o altar com um beijo em nome de toda a assembleia. O altar é assim um símbolo que nos recorda daquilo que nós próprios somos. "Cristo, Cabeça e Mestre, é o verdadeiro altar; seus membros e discípulos são também altares espirituais, em que se

---

[34]. Vamos encontrar uma forma mais condensada na proclamação do querigma nos Atos e nas afirmações do Credo em sua forma breve nas epístolas.

oferece a Deus o sacrifício de uma vida santa" (*Ritual da dedicação de altar*, 2). Essa é a razão por que atendemos ao apelo de Deus para ouvir sua Palavra, e para oferecer um sacrifício santo com Cristo no poder do Espírito. O diálogo ritual de abertura da missa inicia pelas seguintes palavras: "Em nome do Pai e do Filho e do Espírito Santo", proclama o presidente da celebração, segundo palavras que recordam nosso batismo, nos invocando frente a Deus como Igreja, a assembleia do povo santo de Deus. Ao que respondemos "amém". Que assim seja. Essa é a primeira palavra dita pela assembleia. Ela será repetida sempre de novo durante o transcorrer da celebração. "Amém" será o foco das reflexões do capítulo final.

Em suma

O significado da reunião eucarística para a nossa vida está belamente resumido nesse simples e ainda solene ritual de entrada. Reunimo-nos trazendo conosco as nossas histórias de morte e ressurreição do dia a dia e acrescentando-as às vidas sagradas na imitação de Cristo. Reunimo-nos para ouvir essas histórias sendo recontadas na história do Evangelho que Jesus narrou sobre o reinado de Deus e ao qual estamos dispostos a dar testemunho em nossas vidas. Reunimo-nos para colocar nossas vidas e a nós mesmos na mesa do altar para ser oferecidos em união com o autossacrifício de Cristo. Os ritos conclusivos irão nos enviar de volta para o mundo para continuar a viver lá fora aquilo que viemos celebrar aqui dentro[35]. A meta pastoral desse ciclo que perpassa toda a vida de vida-liturgia-vida deve ser continuada para aprofundar aquilo que teve início em nosso batismo, a saber, a iniciação "no mistério de Cristo" (CIC 1075).

A mistagogia

A preparação do local

A ambientação para esse encontro poderia incluir a montagem da cruz processional da comunidade num pedestal, ladeada por duas velas[36]. Seria

---

[35]. Os temas antecipados nos ritos iniciais serão explorados com mais profundidade no seguinte capítulo.

[36]. Se esse encontro for combinado com o próximo, sobre a liturgia da Palavra, seria apropriado então também reverenciar o Evangeliário.

apropriado convidar os membros a se aproximarem e venerarem a cruz, tocando-a ou fazendo reverência diante dela, como parte da oração de abertura/como um gesto de concentração[37]. Isso pode ser feito tanto se for apropriado durante o encontro ou na conclusão do passo a passo reflexivo. Uma outra atividade de concentração poderia ser passar o crucifixo de mão em mão para que as pessoas o toquem ou o beijem em silêncio.

TABELA 3A

	Tópico de *slide* para PowerPoint[38]
Título	Acolhida
Imagem	Assembleia (comunidade local)

Observar a experiência
- O que fazer como parte dos ritos de entrada?

TABELA 3B

Extrair os elementos em detalhes

- Num instante de silêncio, recordar e reviver essas coisas.
- Cite em voz alta os elementos dos ritos de entrada que você mais gosta.
- Quais são os elementos que mais o ajudam a entrar na celebração?

Reflexão sobre as ações rituais e os símbolos
Acolhida
- Para você quando começa a celebração?
- Existem coisas que você faz antes da missa para ajudá-lo a estar pronto?
- Como é reunir-se com outros?
- O que é reunião e acolhida?
- O que ou quem nos convoca para a liturgia?

---

37. Esses gestos irão rememorar a adoração da Cruz da Sexta-feira Santa e estabelecer uma ligação com ela.
38. O material proposto nesta e em todas as tabelas seguintes é apenas uma sugestão. As células (linhas) entre as linhas mais escuras em cada tabela, aqui e daqui para frente, representam amostras individuais de *slides* do PowerPoint. Mas a mistagogia pode ser realizada sem o uso desses *slides*, usando apenas as questões iniciais e interação viva, se assim preferir o mediador.

TABELA 3C

Temas	Acolhida
	Acolhida como procissão não oficial
Título	Reunião e acolhida
Imagem	Comunidade local dirigindo-se para a entrada
Textos	[Animar essas frases para que surjam uma a uma através de uma discussão aberta]
	Ser convocado
	por alguém
	para fazer alguma coisa
	juntos.
Título	Reunião e acolhida
Imagem	Comunidade local dirigindo-se para a entrada [dimensão reduzida]
Texto 1	Citação de Mahony [inserir citação completa, sublinhar a seguinte frase:]
	"todos estão numa grande procissão"

Procissão de entrada

- O que é procissão?
- Como é que esta é diferente, por exemplo, de caminhar por uma rua apinhada de pessoas? Dê uma demonstração?
- O que é que a torna diferente?

TABELA 3D

Temas	Momento ritual conclusivo da reunião de acolhida
	"poucos representantes" – todos caminham no espírito
	Vida cristã: "jornada destilada"
Título	Procissão de entrada
Imagem	Procissão de entrada da comunidade local, apresentando a cruz, velas, livro
Texto	O que é uma procissão?
Texto 2	"Procissão" [ler, intercalando frases favoritas, uma a uma, como por exemplo:]
	"poucos representantes"
	"jornada destilada"
	"solo sagrado"
	"viemos interiormente descalços"

- Como se conduzem os próprios ministros enquanto caminham na procissão?
- Quais ações rituais fazem os ministros enquanto caminham na procissão?

Tabela 3E

Título	Procissão
Textos	O que vamos fazer? [extrair as ações/objetos em detalhes]
Imagens	*Close* de uma cruz em procissão *Close* de chama(s) de vela *Close* do Evangeliário
Texto	O que significa isso?

- Por que a cruz, as velas e o Evangeliário são carregados por entre a assembleia em procissão solene?
- O que esses itens nos têm a dizer sobre nós próprios e sobre a celebração que se segue?

A cruz processional

- Qual é a história que a cruz processional nos conta?
- Como é que a cruz nos conta essa história?

Tabela 3F

Temas	História da morte e ressurreição de Cristo Culminação de sua vida na autoentrega Formas históricas: desfigurada; vitória; sono; sofrimento e morte
Título	Cruz processional
Imagem	*Close* da cruz processional (comunidade local)
Texto	Que história isso nos conta?
Texto 3	"e morte numa cruz" (Fl 2,8)
Título	Como nos é contada essa história?
Texto	*Como vitória*
Imagens	Mosaicos de abside: Santa Pudenciana (384-399) ou Santo Apolinário em Classe (século XVI)

Temas	História da morte e ressurreição de Cristo Culminação de sua vida na autoentrega Formas históricas: desfigurada; vitória; sono; sofrimento e morte
Título	...*ou como o sono da morte*
Imagens	A figura completa e um *close* do Crucifixo de Gero
Texto	Crucifixo de Gero (c. 970)
Título	...*ou como sofrimento e agonia*
Imagens	Cruz da Peste (início do século XIV), figura completa e *close*
Texto	Que outras histórias ela nos conta? [preferida durante a peste negra]

- Que outras histórias essa cruz nos conta?
- O que diria Jesus àqueles que desejavam segui-lo?

Tabela 3G

Temas	"Tome a sua cruz" Morrer todo dia para si mesmo (Paulo)
Título	Que outras histórias
Imagem	Cruz da Peste ou crucifixo realista [estilo preferido por pessoas sofredoras]
Texto	"Tome sua cruz" (Mt 16,24)
Imagem	Altar de Isenheim [tela cheia]
Texto	Altar de Isenheim (c. 1510-1515)
Imagens	*Close* do altar de Isenheim: Mão, cabeça e torso superior, cabeça
Imagem	Crucifixo de Graham Sutherland
Texto	Graham Sutherland (1946) [imagem do holocausto]

- O que nos conta a cruz processional sobre a vida cristã?

Tabela 3H

Título	? [um enorme ponto de interrogação, centralizado]
Textos	Que outras histórias a cruz deveria ser capaz de nos contar hoje?

Velas

- Que história nos contam as velas?
- O que é o círio para os cristãos?

Tabela 3I

Temas	"Eu sou a luz do mundo" "Vós sois a luz do mundo" Luz na escuridão, calor = testemunho, caridade
Título	Velas
Imagem	Diversas chamas de vela acesa
Texto	Que história elas nos contam?
Imagem	Círio pascal
Texto	"Eu sou a luz do mundo" (Jo 8,12)
Imagem	Círio pascal na pia batismal com alguém segurando a vela batismal

- O que disse Cristo a seus discípulos sobre a luz do mundo?
- O que nos dizem as velas sobre a vida cristã?

Tabela 3J

Imagens	Círio pascal [imagem solitária, centralizada] as velas da vigília pascal iluminando a assembleia [sobreposta, tela inteira]
Texto	"Vós sois a luz do mundo" (Mt 5,14) [texto em cor clara sobreposto à imagem]

Evangeliário

- Que história contam os evangelhos?
- Que outras histórias eles contam?

Tabela 3K

Temas	Discípulos da história devem prosseguir história das palavras, ações, vida, morte de Jesus
Título	Livro
Imagem	Evangeliário em procissão (comunidade local)
Texto 4	"Livro" [ler o poema completo inserindo o que segue:] "A dança é rígida passando pelo corredor, um livro abraçado, segurado ao alto, mantido em alto apreço" "nosso próprio núcleo"

- O que você acha que significa colocar o Evangeliário sobre o altar?
- O que o Evangelho nos conta sobre a vida cristã?

Reverenciando o altar

- Por que os ministros se inclinam diante do altar?
- Por que o presidente da celebração beija o altar?
- O que nos ensina sobre a vida cristã a reverência ao altar?

Saudando a assembleia

- O que é a primeira ação ritual que fazemos na assembleia?
- O que nos ensina o sinal da cruz?

Tabela 3L

Temas	Lembrança do batismo "em nome de" = pertencer a
Imagem	Pessoas fazendo o sinal da cruz (comunidade local)
Texto 5	"Sinal da cruz" (ler poema, depois inserir o texto abaixo]
Texto	Nós pertencemos à Trindade Santa

- Qual é a primeira palavra que dizemos na assembleia?
- O que isso significa?

Tabela 3M

Temas	"Que assim seja" – afirmação e compromisso
Texto 6	"Amém" [Ler o poema, depois inserir a linha final] "Tome cuidado quando você for dizer 'amém'".

- Em que outros momentos na missa dizemos "amém"?
- O que nos conta a saudação a respeito da vida cristã?

Slide de recapitulação

Tabela 3N

Tema	Simbologia prévia da liturgia a ser seguida e seu significado
Título	Acolhida
Imagens	*Close* da cruz processional, círio pascal, Evangeliário
Textos	Procissão: "jornada destilada" símbolos: "história condensada"

Textos

1) Reunião e acolhida

Assim, essa é a procissão de entrada, vinda de todas as direções, composta de todas as idades, de diversas raças, uma enorme variedade de circunstâncias econômicas e visões políticas – e falando no mínimo três línguas nativas! Mas todos estão numa grande procissão, reunindo-se na casa da Igreja. "Subiremos com alegria" (MAHONY, R. *Guide for Sunday Mass*, p. 43).

2) Procissão

O que é procissão?
Movimento de lugar para outro lugar,
movimento mensurado, movimento majestoso,
uns poucos representantes trilhando uma distância representativa:
jornada destilada.
É isso que são todas as jornadas, é algo que proclama,
essa é uma jornada em seu coração.

De novo e mais uma vez,
de semana para semana,
de geração a geração,

há algo que começando e algo que se conclui;
algo como portas que se fecham atrás e outras que se abrem à frente,
de encontros e caminhar juntos.

O que é procissão? Uma jornada, destilada.
De geração a geração, de leste a oeste
nós pulamos, coxeamos, marchamos e corremos
e embaralhamos e perambulamos por nossos vários caminhos.
Nossas histórias reverberam nas pisadas mesuradas.

De geração a geração, de leste a oeste
nossos pés apressados marcaram
os picos e vales, a areia e as pedras,
o barro, a relva, o pó,
os córregos.
Nos detemos agora em ritmo solene para recordar:
todo solo é solo sagrado.
Viemos interiormente descalços.

O que é procissão?
É jornada destilada – jornada em seu coração,
Uma reunião num movimento
da Igreja a caminho:
O povo peregrino, empoeirado, um povo que anela,
caminhando ainda de cabeça erguida;
conhecendo a nós mesmos, mostrando a nós mesmos
para ser a nação real, o povo sagrado
conquistado pelo Filho,
chamado por sua Palavra,
reunido em torno à sua mesa.

Ali descobrimos novamente,
de geração a geração, de leste a oeste,
para todas as nossas jornadas,
a fonte, o solo, a companhia, o caminho (Janet Schlichting, in: LGWO, 8).

3) *Fl 2,8*

Ele se humilhou, fazendo-se obediente até a morte,
e morte numa cruz.

4) *Livro*

A dança é rígida passando pelo corredor,
um livro abraçado, segurado ao alto, mantido em alto apreço
o suporte comum das narrativas
de fibra vem de campos de algodão
e a polpa de celulose de floresta cortada no Maine.

>Aquilo que a terra deu, mãos tornaram
>plano, delgado e unido entre duas capas,
>as páginas agora recobertas com signos
>essa imagem soa essa imagem toda:
>apenas as pinturas de pinturas
>são letras reunidas em palavras
>e palavras alinhadas e empacotadas, atadas –
>aqui, porém, encontra-se o nosso próprio núcleo:
>os poemas, genealogias,
>leis, cartas, provérbios, profecias,
>salmos, histórias, visões passadas adiante
>de boca para outra, de língua para outra,
>de página a outra: um ano ou três
>para recontar o circuito, este livro
>que ora dança no doce incenso
>e cujo alfabeto tem o sabor doce do beijo (Gabe Huck, in: LGWO, 45).

5) *Sinal da cruz*

>No começo e no final dessa missa
>no começo e no final de nossas vidas;
>no começo e no final de tudo que fazemos
>encontra-se o sinal da cruz nos dizendo:
>esse lugar, esse espaço de tempo, essa vida,
>essa criança, essas pessoas, esse cadáver,
>pertencem ao Senhor e não será
>dele arrebatado
>quem carrega indelevelmente em seu corpo
>as marcas da mesma cruz (Mark Searle, in: LGWO, 9).

6) *Amém*

>Seja cuidadoso com palavras simples repetidas constantemente.
>"Amém" cria exigências
>como um professor implacável:
>atenção feroz a tudo que se diz;
>não é permitida apatia, preocupação, prejulgamento.
>"Amém": estamos aqui presentes. Estamos abertos.
>Nós auscultamos. Nós compreendemos.
>Estamos aqui, estamos ouvindo tua Palavra.
>"Amém" cria exigências
>como uma assinatura sobre uma linha pontilhada:
>conexão sóbria com tudo que nos precede,
>hesitação, meias-medidas, reserva mental não são permitidas.

"Amém": nós sustentamos. Nós aprovamos.
Somos um único pensamento. Nós prometemos.
Que isso suceda. Que assim seja.

Tome cuidado quando você for dizer "Amém" (Barbara Schmich, in: LGWO, 30).

Referências para reflexão

BERNARDIN, J. *Guide for the Assembly*. Chicago: Liturgy Training, 1997, p. 7-10.

BERNSTEIN, E. (org.). *Liturgical Gestures Words Objects*. Notre Dame: Notre Dame Center for Pastoral Liturgy, 1995.

GUARDINI, R. "The Sign of the Cross". In: HUGHES, K. (org.). *How Firm a Foundation*: Voices of the Early Liturgical Movement. Chicago: Liturgy Training, 1990, p. 114.

KOESTER, A.Y. *Sunday Mass*: Our Role and Why It Matters. Collegeville: Liturgical Press, 2007, p. 19-27.

MAHONY, R. *Gather Together Faithfully*: Guide for Sunday Mass. Chicago: Liturgy Training, 1997, p. 13-17.

MITCHELL, N. (org.). *Table Bread and Cup*: Meditations on Eucharist. Notre Dame: Notre Dame Center for Pastoral Liturgy, 2000, p. 1-5.

RAMSHAW, G. *Words around the Table*. Chicago: Liturgy Training, 1991.

WORSHIP OFFICE OF THE ARCHDIOCESE OF CINCINNATI. *We Gather in Christ*: Our Identity as Assembly. Chicago: Liturgy Training, 1996.

Interlúdio

Agora chegamos ao núcleo central da celebração eucarística – a liturgia da Palavra e a liturgia eucarística. As origens da Eucaristia podem ser retrorreferidas aos inícios da Igreja. Os relatos bíblicos da última ceia (Mt 26,26-28; Mc 14,22-25; Lc 22,19-20; 1Cor 11,23-25) descrevem os tradicionais rituais da ceia judaica, realizados por Jesus sobre pão e vinho. Numa descrição sumária da vida comum da comunidade primitiva, o texto lucano dos Atos dos Apóstolos afirma: "Eles frequentavam com perseverança a doutrina dos apóstolos, as reuniões em comum, a Fração do Pão e as orações" (At 2,42). Essa passagem menciona quatro atividades que expressam as ações unificadoras às quais se dedicava a comunidade de Jerusalém. É possível ver nessa descrição idílica uma antecipação daquilo que se tornaria o rito eucarístico pleno: Palavra e Mesa, com as orações de intercessão do povo.

Num relato escrito por volta do ano de 150 d.C., o mártir São Justino nos recorda precisamente essa descrição plena de como a eucaristia dominical era celebrada na Igreja de Roma. A descoberta desse relato tem sido algo impressionante para muitas pessoas. Ali se lê:

> No dia chamado "do Sol", reúnem-se no mesmo lugar todos os que moram nas cidades e nos campos. Leem-se as memórias dos apóstolos ou os escritos dos profetas na medida em que o tempo o permite. Terminada a leitura, aquele que preside toma a palavra para aconselhar e exortar os presentes à imitação de tão sublimes ensinamentos. Depois, nós nos levantamos e elevamos nossas preces. Como já dissemos acima, quando acabamos de rezá-las, apresentam-se o pão, o vinho e a água. Então, o que preside eleva ao céu, com todo seu fervor, preces e ações de graça, e o povo aclama: "Amém!" Em seguida, se faz entre os presentes a distribuição e a partilha dos alimentos que foram consagrados, que também são enviados aos ausentes, por meio

dos diáconos. Os que dispõem de bens que estejam dispostos fazem contribuições, cada um conforme lhe agrada, e a coleta é depositada junto ao presidente da celebração, que irá ajudar órfãos e viúvas, os que passam necessidades devido a enfermidades ou por alguma outra razão, os que estão presos, ou estrangeiros, em resumo, todos aqueles que estão passando por necessidades[39].

Quando as pessoas ouvem esse relato da Igreja primitiva de Roma, imediatamente reconhecem o paradigma de nossa celebração dominical. Eles podem ser convidados a chamar a isso como a leitura progressiva. Sentimos com admiração nossa própria continuidade e ligação com o que o Povo de Deus fez no decorrer da história. É a esse rito da Palavra e da Eucaristia que estamos nos dirigindo agora.

---

39. JUSTINO. *Apologia* I, 67. In: DEISS, L. *Springtime of the Liturgy*. Collegeville: Liturgical Press, 1979, p. 93-94. Os estudiosos chamam a atenção para o significado da palavra "presidente" (*praeest*), no original, a saber, "aquele que está acima, que dirige, que é o líder".

4
Proclamação, escuta e resposta à Palavra de Deus

Introdução

A liturgia da Palavra aos domingos consiste nos seguintes elementos rituais:

- primeira leitura;
- salmo responsorial;
- segunda leitura;
- aclamação ao Evangelho (Aleluia);
- leitura do Evangelho;
- aclamação após a leitura do Evangelho ("Glória a Vós, Senhor");
- homilia;
- profissão de fé;
- oração da comunidade.

A mistagogia para esse encontro irá se concentrar nas ações rituais ligadas com as leituras, especialmente com o Evangelho.

Instruções de suporte

A *Instrução Geral sobre o Missal Romano* (n. 55) descreve a estrutura e a proposta da liturgia da Palavra, afirmando que:

> Nas leituras explanadas pela homilia, Deus fala ao seu povo, revela o mistério da redenção e da salvação, e oferece alimento espiritual; e o próprio Cristo, por sua Palavra, se acha presente no meio dos fiéis. Pelo silêncio e pelos cantos o povo se

apropria dessa Palavra de Deus e a ela adere pela profissão de fé; alimentado por essa Palavra, reza na oração universal pelas necessidades de toda a Igreja e pela salvação do mundo inteiro.

Simplificando, essa parte da missa consiste em proclamação, escuta e resposta à Palavra de Deus. Esse é o núcleo central da liturgia da Palavra. É uma experiência mais ampla do que se pode chamar de convocação e resposta, de chamado e resposta. Essa dinâmica é parte e parcela de toda vida humana e da interação com os outros. O mesmo se aplica também ao diálogo com Deus, que acontece na liturgia da Palavra. Pode-se comparar isso com a conversação humana[40]. Empregamos palavras para expressar ideias, sentimentos, esperanças e sonhos, para reagirmos a elas e encetarmos um curso apropriado para agir no futuro. Nas conversações humanas as palavras não são endereçadas apenas à razão, mas também e às vezes especialmente ao coração. Essa é a razão por que muitas vezes são acompanhadas com olhar de admiração, expressões faciais, gestos, posturas corporais e toques – todas formas de comunicação não verbal que acrescentam um significado especial e próprio às palavras. De fato, expressões não verbais como essas podem "dizer" aquilo que as palavras não conseguem dizer. Nossas conversações são também pontuadas por sentenças deixadas sem conclusão e momentos de silêncio, que podem dar expressão àquilo que está além das palavras. A conversação com Deus na liturgia da Palavra vem marcada por essas mesmas qualidades – palavras de apelo e resposta, posturas e gestos corpóreos e momentos de silêncio meditativo. Seria possível estender mais esse tipo de reflexões.

Forma da liturgia da Palavra

Primeiro, uma palavra sobre *o padrão geral* da liturgia da Palavra. É um diálogo mais amplo do esquema de convocação e resposta entre Deus e nós. Como podemos saber que Deus está falando conosco nas leituras? A fé nos assegura de que as palavras da Escritura foram inspiradas por Deus. A liturgia

---

40. Podemos perceber ali uma diferença importante. No contexto bíblico, a "conversação" que acontece entre Deus e nós pode ser melhor qualificada como chamamento e resposta. A revelação de Deus vem a nós como um chamado. Ela nos convoca a responder àquilo que Deus tem em mente para conosco, de como devemos viver. É muito comum comparar as orações com conversas com Deus, mas sempre se parte da escuta daquilo que Deus deseja de nós, ouvir o chamado de Deus. É a esse chamado que devemos responder.

está nos relatando, portanto, essa realidade sempre de novo. Os diálogos rituais em torno das leituras nos dizem que essas não são apenas nossas palavras, mas as palavras de Deus. "℣. Palavra do Senhor. ℟. Graças a Deus"."℣. Palavra da salvação. ℟. Glória a Vós, Senhor". "℣. Proclamação do Evangelho de Jesus Cristo... ℟. Glória a Vós, Senhor". É Deus que está falando conosco nas leituras, e não o leitor que a está proclamando. Encontramos ali também um amplo intercâmbio dialógico. À Palavra de Deus, proclamada no conjunto completo de leituras e explicitadas na homilia, respondemos com a profissão de fé e com as preces da comunidade, como pedidos pelas necessidades de nossa Igreja e do mundo. Essa é realmente uma resposta dupla. No credo aceitamos na fé aquilo que Deus disse, e na oração da comunidade tomamos parte de nossa missão, rezando para que o reinado de Deus se instaure na Igreja e no mundo. As Escrituras nos revelam alguma coisa do plano de salvação de Deus e o que Deus fez e continua fazendo por nós.

Proclamação

A seguir queremos lançar um olhar mais aprofundado sobre alguns elementos. As palavras da Escritura são *proclamadas*. Esse verbo vem da raiz latina *pro* + *clamare*, que significa clamar, bradar forte. É a firme voz de um pregoeiro da vila, um arauto anunciando notícias importantes de cima do telhado ou em frente à escadaria de um edifício numa praça pública na Antiguidade, ou do cardeal protodiácono anunciando a eleição de um novo papa da sacada de São Pedro. É diferente da proclamação nervosa, inflexiva de um poema ou de um discurso histórico de Lincoln ou de Martin Luther King por um professor de graduação ou uma leitura usual de sala de aula ou a entonação de um discurso ordinário. A entonação e o estilo autênticos de uma proclamação nos dão conta de que ali se trata de um discurso muito especial, que ali está em questão a Palavra de Deus. Nós nos sentamos para ouvir as duas primeiras leituras, demonstrando uma atitude de receptividade da Palavra de Deus que nos está sendo proclamada. A beleza nobre do ambão, a graça solene da miniprocissão dos leitores que a ele se dirigem, e sua postura em tudo está refletindo a mesma realidade. Tudo isso traz exigências na preparação dos leitores para seu ministério[41].

---

41. Algumas ideias que nos podem ajudar encontram-se em WALLACE, J.A. *The Ministry of Lectors*. 2. ed. Collegeville: Liturgical Press, 2004.

Ouvir

Ouvir a proclamação das Escrituras é, portanto, diferente do ouvir cotidiano. A nossa experiência diária de ouvir nos propõe um enorme desafio litúrgico. O Cardeal Bernardin escrevera que "ouvir é uma habilidade que vai crescendo lenta e penosamente no bombardeio de palavras que se escuta durante o dia". Bombardeados pelos sons das conversas de rádio e TV, pelo telefone celular, que nos circunda nas ruas e nos ônibus das cidades, pela música de elevador ouvida por todo lado, aprendemos a desligar-nos dos sons que estão ao nosso redor. Todo esse ruído branco enfraquece nosso desejo de prestar atenção àquilo que estamos ouvindo; simplesmente desligamos nossos ouvidos. Mas um ouvir atento é uma habilidade perdida que podemos reaprender. Bernardin prossegue: "Na liturgia somos educados na arte de ouvir". Na liturgia podemos aprender novamente a ouvir e então levar conosco essa arte para dentro da vida cotidiana. Ela nos ensina como "ser bons ouvintes uns dos outros, ouvir o Senhor, ouvir o mundo com todas as suas necessidades"[42].

Como é que a liturgia da Palavra poderá nos ajudar a reaprender essa arte? Ser bons ouvintes exige de nós que pratiquemos um tipo de ouvir diferenciado. No prólogo à sua regra para os beneditinos, São Bento ensina os jovens monges sobre o modo como eles devem ouvir as instruções de seu mestre. Ele os aconselha: "Escuta, filho, [...] e inclina o ouvido do teu coração" (RB, prólogo 1). Ouvir com "o ouvido do coração" é seguramente um tipo diferenciado de ouvir. Se o coração está localizado no centro de nossa pessoa e a sede de nossa capacidade de receber e dar amor, então esse tipo de escuta não dá atenção primordialmente a ideias e sua lógica, mas aos relacionamentos e ao amor. Se Deus é amor (1Jo 4,8), apaixonado por nós, não será esse o modo como devemos ouvi-lo?

Como podemos fazer esse tipo de escuta? O primeiro passo é prestar atenção às leituras de modo a ouvir as palavras e frases que falam verdadeiramente a nossos corações. Que palavras e frases falam a nós sobre nosso relacionamento com Deus e uns aos outros? Quais palavras nos sentimos chamados a apreciar? Quais palavras de amor ouvimos? O que essas palavras nos pedem para fazermos? Esse tipo de escuta (ou de leitura) das

---

42. BERNARDIN, J. *Guide for the Assembly*, p. 37.

Escrituras é o primeiro passo no itinerário que nossa longa e estável tradição da espiritualidade chama de *lectio divina* ["leitura divina"][43].

Segue-se o segundo passo. Maria pode nos servir de exemplo. Como ela, nós precisamos "entesourar no coração todas essas coisas" (Lc 2,51, parafraseado). Precisamos ponderar e saborear essas palavras no silêncio de nossos corações. Esse é o segundo passo da *lectio divina*. Parte dessas ponderações são para deixar que a mensagem de Deus de amor incondicional e que tudo envolve mergulhe fundo em nosso ser, questionando a nós mesmos sobre o significado que ela tem para o modo como vivemos nossas vidas. Ouvindo com o "ouvido do nosso coração" ao que dizem as leituras, é um processo que só irá prosperar quando se escutar a partir de um silêncio interior. "Silêncio litúrgico não é meramente a ausência de palavras, uma pausa ou um interlúdio. Ao contrário, é uma quietude, uma calmaria do espírito, um tirar tempo e prazer de ouvir, assimilar e responder"[44].

Mas a celebração típica da liturgia da Palavra reserva tempo para tal coisa? Para dar tempo para essa reflexão, a *Instrução Geral sobre o Missal Romano* (n. 56) recomenda que observemos apropriadamente breves períodos de silêncio antes de começar as leituras, após a primeira e a segunda leituras, e após a homilia que segue o Evangelho, pois "pelos quais, sob a ação do Espírito Santo, se acolhe no coração a Palavra de Deus e se prepara a resposta pela oração". O silêncio dá tempo para que o Espírito trabalhe dentro de nós, para que a Palavra seja gestada e gerada[45]. Em sua despedida, Jesus dissera a seus discípulos que é esse Espírito quem irá "vos ensinar todas as coisas e recordar de tudo que vos dissera" (Jo 14,26). Respeitar esse tempo de silêncio na liturgia e ajudar as pessoas a compreender sua função é uma necessidade pastoral.

Resposta

Escutando em silêncio com o "ouvido do coração", abrimo-nos para aceitar e agir a partir daquilo que nos é dito em obediência amorosa à Palavra

---

43. Isso serve igualmente aos católicos que, cada vez mais, estão adotando a prática de ler e praticar as leituras prescritas para a celebração, antes do domingo.
44. BISHOPS' COMMITTEE ON THE LITURGY. *Introduction to the Order of Mass*: A Pastoral Resource of the Bishops' Committee on the Liturgy. Washington: USCCB, 2003, p. 32, n. 48.
45. Cf. abaixo, texto 4: "Esta é a Palavra do Senhor", de Ronald DeHondt.

de Deus. A palavra "obedecer" deriva de uma forma intensificada do verbo latino que pode ser traduzido como ouvir; provém de duas raízes latinas: *ob* + *audire*. Isso não significa apenas ouvir, mas ouvir atenta e completamente àquilo que é dito, por todo o percurso até o final, de modo a tomar uma atitude e agir a partir do que é exigido. É disso que trata quando se fala de ouvir com o "ouvido do coração". Não pode deixar de *responder* amorosamente a Deus e a todos e a tudo que é por Ele amado.

Outro comentário sobre a ideia de Bernardin diz respeito ao aprendizado através da proclamação das leituras da Escritura para "ser bons ouvintes uns dos outros, ouvir o Senhor, ouvir o mundo com todas as suas necessidades". Os teólogos medievais falam de três livros da revelação: as Escrituras, a experiência humana durante o percurso da história e o universo da natureza. Deus fala através de todos eles. Prestando atenção a esse primeiro livro da revelação aos domingos, podemos nos preparar e inspirar para ouvir melhor e com mais cuidado aos outros dois livros durante a semana. A arte de ouvir aprendida aos domingos deve ser usada durante os dias da semana também. Mas não é assim tão fácil ouvir sempre a voz de Deus em meio ao barulho da vida cotidiana. Precisamos estar sempre alertas para isso e apropriar-nos da atitude retratada sempre de novo na Bíblia quando Deus chama alguém: "Estou aqui", e precisamos cultivar a disposição pronta do jovem Samuel: "Fala, Senhor, que teu servo escuta" (1Sm 3,10). Precisamos ouvir de maneira bem específica para poder escutar a voz de Deus no clamor daqueles que são pobres e oprimidos. Deus tem uma atenção particular a seus clamores, do mesmo modo que nós também precisamos aprender. Eles têm muito a nos ensinar sobre o caminho do discipulado de Deus e de Jesus. Seus clamores são muitas vezes um grito silencioso. O alarido que nos envolve e as responsabilidades e preocupações cotidianas, muitas vezes, sufocam-no. Às vezes, seus gritos podem ser como um som levemente sussurrado como o vento que Elias escutava fora da caverna (1Rs 19,12). Mas quando somos treinados a ouvir a voz de Deus na proclamação das leituras das Escrituras, também podemos aprender a ouvir esses gritos na vida cotidiana. Por seu lado, isso pode nos preparar para retornar para a assembleia com uma habilidade mais apurada para ouvir, e ouvir com mais atenção para aquilo que Deus nos diz nas Escrituras. O ciclo entre a liturgia e a vida move-se em espiral.

Evangelho

"A proclamação do Evangelho constitui o ponto alto da liturgia da Palavra" (IGMR 60). Nós valorizamos muito esse momento porque, como professara Pedro, acreditamos que o Senhor nos fala no Evangelho: "Senhor, a quem poderemos ir? Só tu tens palavras de vida eterna" (Jo 6,68). Essa crença vem demonstrada nas palavras e rituais que envolvem a proclamação do Evangelho. Basta pensarmos por um momento no cuidado e nas ações rituais que envolvem a proclamação do Evangelho. O próprio livro, muitas vezes, é trabalhado de maneira muito bonita, adornado e ilustrado artisticamente. Durante o rito de entrada foi entronizado e depositado no altar. Agora novamente é carregado ao altar para o ambão numa miniprocissão, e muitas vezes ladeado por velas acesas. O aleluia que cantamos aclama o Cristo, de quem é a palavra. A mesma saudação com que iniciou a missa lhes dá novamente as boas-vindas em nosso meio: "℣. O Senhor esteja convosco". Depois que se anuncia a passagem do Evangelho, todos nós nos persignamos na fronte, nos lábios e no coração e novamente aclamamos: "℟. Glória a Vós, Senhor". Uma excelente questão a ser feita aos participantes é perguntar pelo significado dessas ações. Nas festas mais solenes o Evangeliário pode também ser incensado como demonstração de honra. Ficamos de pé para ouvir o Evangelho como sinal de grande reverência. E quando o Evangelho já tiver sido proclamado, aclama-se novamente o Cristo: "℟. Glória a Vós, Senhor". Todos esses sinais de honra atestam a nossa fé que o próprio Cristo está presente e nos dirige a palavra quando as Escrituras são proclamadas na assembleia (SC 7).

Mas o que o Evangelho nos diz, que história ele nos conta? Respondendo a essa questão, as pessoas costumam responder sem hesitar que ele nos conta a história da vida de Jesus, suas palavras e ações, sua morte e ressurreição. Esse é o paradigma narrativo comum, a linha da história de todo o Evangelho, desde seu batismo no Rio Jordão até sua morte no Calvário. Mas o Evangelho não nos conta apenas a história de Jesus. Sua história de vida aponta o caminho também para nós. Na última ceia Ele contou a seus discípulos que eles sabiam o caminho para a casa de seu Pai, para onde Ele estava indo para preparar-lhes um lugar. Quando Tomé insiste que eles não sabiam o caminho, Jesus lhe responde: "Eu sou o caminho" (Jo 14,6). Ele é o pioneiro, o precursor da fé, aquele que levou isso à plenificação (Hb 12,2). É esse o caminho que devem seguir seus discípulos.

Então, quais são as *outras histórias* que nos conta o Evangelho? O Evangelho conta a história que acolhemos como sendo nossa, nossa história coletiva principal. Narrando-nos a história da vida de Jesus, ele nos conta a história que também nós temos de viver – seguir seus passos e perder nossas vidas no amor e no serviço aos outros "por minha causa e por causa do Evangelho" (Mc 8,35). O Evangeliário trazido solenemente na procissão de entrada e agora, mais uma vez, elevado para sua proclamação conta também nossa própria história. Uma reflexão poética de Gabe Huck resume essa realidade nos seguintes termos: "Aqui encontra-se o nosso próprio núcleo [...] este livro que ora dança no doce incenso e cujo alfabeto tem o sabor doce do beijo"[46]. Esse "nosso próprio núcleo", de nossa vida cotidiana, foi trazido conosco para a assembleia quando entramos. Nossas vidas agora recebem a plenitude de um nome na proclamação do Evangelho; podem ser trazidas para a mesa do altar com o pão e o vinho e oferecidas a Deus durante a oração eucarística.

A homilia vai revelar o conteúdo das leituras, de modo que as pessoas possam descobrir a história de suas vidas contada na história de Jesus e compreender como deve incorporar essa história em suas próprias vidas. No início de seu ministério público, Jesus captou a essência e o objetivo de toda homilia. Após ler as Escrituras na sinagoga de Nazaré, Ele disse: "Hoje se cumpriu esta passagem da Escritura que acabais de ouvir" (Lc 4,21). Depois disso, o credo e as preces dos fiéis concluem a liturgia da Palavra.

Ambão e altar

Há outro detalhe que merece uma consideração final. A *Instrução Geral sobre o Missal Romano* faz a seguinte observação: Nos ritos iniciais, o diácono, "tendo colocado respeitosamente o *Evangeliário* sobre o altar, com o sacerdote venera-o com um ósculo" (173, 195). Por que isso? O altar não será mais do que uma estante conveniente para se colocar nele o Evangeliário? Se não, que conexão existe entre o Evangelho e o altar? A conexão é Cristo. Quando as Escrituras são proclamadas é Ele quem fala (SC 7), e o *Ritual da dedicação de altar* observa que "os escritores eclesiásticos foram levados a

---

46. HUCK, G. "Book". In: LGWO, 45 – Texto 7 abaixo.

vê-lo como sinal do próprio Cristo – e daí tornar-se comum a afirmação: 'o altar é Cristo'"[47]. O Concílio Vaticano II insiste que "a liturgia da Palavra e a liturgia eucarística estão tão estreitamente unidas, que formam um único ato de culto" (SC 56). Usando a imagem do alimento partilhado à mesa, a *Introdução Geral ao Lecionário da Missa* confirma essa unidade indissolúvel entre Palavra e Eucaristia, quando afirma que a Igreja é uma "espiritualidade alimentada nestas duas mesas" (a Palavra de Deus e a Eucaristia (ILM 10)[48]. Aliás, isso é também a razão por que a Igreja pede que se envide grandes esforços para desenvolver um plano que assegure "uma íntima proporção e harmonia entre o ambão e o altar" (ILM 32). Um único gesto de adoração celebrado em duas mesas, contribuindo pela Palavra e pelo sacramento para nutrir o Povo de Deus. A liturgia da Palavra remete naturalmente para a liturgia eucarística que atualiza aquilo que a Palavra proclamou. Esse será o foco dos três seguintes capítulos.

Em resumo

A "introdução no mistério de Cristo" (CIC 1075) é o objetivo comum da catequese e da liturgia. Para alcançar essa meta é preciso conhecer a história de Cristo e transformar essa história em nossa própria história. O curso da história de sua vida deve se transformar também no curso de história de nossa própria vida. Juntos como uma comunidade, nossas vidas devem retratar a história de Cristo, para ser uma "carta de Cristo", segundo conta Paulo aos Coríntios, uma carta "para ser conhecida e lida por todos" (2Cor 3,2-3). Ou, usando uma outra imagem, juntos como uma comunidade somos chamados para sermos o rosto do Cristo em nosso mundo. Uma longa tradição oriental sobre iconógrafos afirma que a face de cada santo pintada num ícone, junto com Cristo, deve mostrar uma semelhança familiar com sua face[49]. Como tesselas individuais, pequenas pedras coloridas que compõem

---

47. *Ritual da dedicação de altar*, 4.
48. O alimento é uma imagem bíblica comum para representar a Palavra de Deus.
49. A prática de criação de ícones é conhecida, comumente, como "grafia" e os artistas que fazem isso são descritos via de regra como "escritores". Essa curiosidade linguística provém de uma tradução literal do termo grego "iconografia", onde *graphé* é compreendido tipicamente como "escrever". Todavia, há quem argumente que essa é uma prática de tradução pobre e que, em vez disso, dever-se-ia usar "pintar" e "pintores".

o mosaico, cada um de nós deve ser uma pequena parcela de cor refletindo algum aspecto da face do Cristo. Para conhecer e imitar algum detalhe da imagem e vida de Cristo é preciso familiaridade com a longa história bíblica de seu povo e de como ele absorveu essa história. Isso por seu lado exige que reaprendamos a arte de ouvir em meio ao alarido ensurdecedor do mundo. Enfim, que reaprendamos a arte de "ouvir com o coração". Isso também nos convoca a ponderar nas profundezas de nosso coração a história do amor de Deus demonstrado em Jesus e discernir quais os aspectos que podemos refletir em nossas próprias vidas.

A mistagogia

A preparação do local

O ambiente para esse encontro pode apresentar o Evangeliário, exposto e aberto, num local apropriado e ladeado por velas acesas. Convidando os participantes a se aproximarem e a venerar o Evangeliário, tocando-o, inclinando-se frente a ele, traçando nele o sinal da cruz ou persignando-se na testa, nos lábios e no coração assim como se faz no Evangelho poderia ser um gesto bastante apropriado como parte da oração de abertura. Isso poderia ser feito tanto durante o encontro, se for apropriado, ou então na conclusão do percurso da reflexão. Uma alternativa seria trazer o Evangeliário em procissão e/ou ser passado de mão em mão aos participantes para ser tocado como acontece com o pergaminho da Torá na liturgia judaica.

Tabela 4A

Tópico de slide para PowerPoint	
Título	Proclamação, escuta e resposta à Palavra
Imagem	Evangeliário elevado pelo presidente da celebração/diácono

Observar a experiência

- O que fazemos como parte da liturgia da Palavra? Quem faz o que e onde?

Tabela 4B

Extrair os elementos em detalhes

- Num instante de silêncio, imagine e reviva essas coisas na memória.
- Mencione em voz alta os elementos de que mais gosta.
- O que mais o ajuda a ouvir as leituras e guardá-las no coração?

Reflexões sobre as ações rituais e os símbolos

Forma do rito

- Como se coadunam entre si as partes da liturgia? Como são relacionadas?
- Em que sentido ela é igual ou diferente da conversação humana ordinária?
- Como sabemos que Deus fala conosco nas leituras?
- O que nos dizem os diálogos rituais antes e depois das leituras?
- Para você, qual é o ponto alto na liturgia da Palavra?

Tabela 4C

Temas	Comparação com a conversação humana: Diálogo/conversação apelo: Palavra de Deus – diálogo ritual resposta: graças a Deus/credo/preces da comunidade
Título	Ouvir e responder
Imagem	Leitor no ambão e assembleia (comunidade local)
Texto 1	"A quem iremos, Senhor? Só tu tens palavras de vida eterna" (Jo 6,68).

Proclamação

- Qual o significado da "proclamação" da Palavra?
- Como ela é diferente de outras formas de falar?
- Para você, o que favorece ou impede a proclamação?

Tabela 4D

Temas	Comparação com discurso ordinário, declamação etc.
Título	Proclamação da Palavra
Imagem	*Close* do leitor no ambão (comunidade local)
Texto 2	"Ambão" [ler o poema, destacando as frases: "como um cimo de telhado" e "para proclamar"]

Ouvir

- O que significa "ouvir"?
- Como que o ouvir as leituras é diferente de outros tipos de ouvir?
- O que é que favorece ou atrapalha ouvir as leituras?
- O que há para ser ouvido nas leituras?
- Por que há um período de silêncio após as leituras?

Tabela 4E

Temas	Reaprender a habilidade/arte de ouvir ouvir a voz de Deus em nossa vida diária no mundo ouvir com o "ouvido do coração" silêncio
Título	Aprender a ouvir
Imagem	Assembleia sentada em silêncio (comunidade local)
Texto 3	(Manual para a assembleia) [expor e ler texto, sublinhando frases:] "educados na arte de ouvir" "bons ouvintes" "uns dos outros" "ouvir o Senhor" "ouvir o mundo"
Título	Ponderando em nossos corações
Imagem	Cristo como mestre com livro aberto (vitral ou ícone)
Texto 4	Ler o poema: "Esta é a Palavra do Senhor"

Resposta

- Quais são nossas respostas às leituras?
- As leituras têm alguma ligação com a vida do dia a dia?
- Quais são as respostas mais interpeladoras?

Tabela 4F

Temas	Postura receptiva, diálogo ritual ouvir com o "ouvido do coração" credo, oração dos fiéis
Título	Resposta à Palavra
Texto 5	"Fala, Senhor, que teu servo escuta" (1Sm 3,10).
Imagens	Assembleia cantando o salmo responsorial (comunidade local) Ou a Bíblia segurada perto do coração (*close*) Ou trazida por alguém que esteja doente

Evangelho

- Quais são os diálogos e ações rituais que envolvem o Evangelho?
- Por que é que fazemos o sinal da cruz na testa, nos lábios e no coração no começo da leitura do Evangelho?
- O que relatam a nosso respeito essas ações e o diálogo sobre o Evangelho?
- O Evangelho conta a história de quem?
- Que histórias ele conta sobre nós?

Tabela 4G

Temas	Sinais ou palavras de reverência em torno do Evangelho Cristo fala no Evangelho (SC 7)
Título	Uma leitura do Santo Evangelho
Imagem	Diácono/presidente da celebração elevando o Evangeliário
Texto 6	℣. Palavra da Salvação. ℟. Glória a Vós, Senhor.
Texto 7	Ler "Livro" [incluindo a seguinte frase: "nosso próprio núcleo"]
Título	Homilia
Imagem	Imagem de Cristo ensinando (janela de vitral)
Texto 1	"A quem iremos, Senhor? Só Tu tens palavras de vida eterna" (Jo 6,68).
Texto	"Hoje se cumpriu esta passagem da Escritura que acabais de ouvir" (Lc 4,21).

Ambão e altar

- Por que é que se coloca o Evangeliário sobre o altar?
- Qual a relação entre o ambão e o altar?
- Como isso se mostra?

Tabela 4H

Temas	Duas mesas – Palavra e Sacramento altar, sinal de Cristo que fala no Evangelho
Título	Duas mesas: ambão e altar
Imagem	Ambão e altar com *design* harmonioso (da comunidade local, se for o caso)
Texto	"Espiritualidade alimentada nestas duas mesas" (a Palavra e a Eucaristia) (ILM 10)

Recapitulação

Tabela 4I

Temas	Testemunhando a história e a imagem de Cristo para o mundo
Título	Proclamação, escuta e resposta à Palavra
Imagens	Repetir diversas imagens anteriores
Texto 1	"palavras de vida eterna"

Textos

1) *Jo 6,68*

A quem iremos, Senhor? Só Tu tens palavras de vida eterna.

2) *Ambão*

Como um cimo de telhado
uma praça da cidade
uma cidade situada sobre uma colina,
esse púlpito – atril – ambão;
lugar proeminente
para proclamar
aos desfavorecidos
as boas-novas de Cristo (Barbara Shmich, in: LGWO, 45).

3) Manual para a assembleia

Ouvir é uma habilidade que se torna enfadonha na enxurrada de palavras ouvidas no dia a dia. Ainda não temos substituto para isso. Na liturgia somos educados na arte de ouvir. O que fazemos aqui nós o fazemos com nossas vidas – sermos bons ouvintes uns dos outros, ouvir o Senhor, ouvir o mundo com todas as suas necessidades (BERNARDIN, J. *Guide for the Assembly*, p. 37).

4) Esta é a Palavra do Senhor

Silêncio
enquanto breve
enquanto o instante
entre
Senhor
e
agradecimento
torna-se o seio
para a Palavra proclamada
para iniciar
o milagre
do nascimento (Ronald DeHondt, in: LGWO, 25).

5) 1Sm 3,10

Fala, Senhor, que teu servo escuta.

6) Aclamação ao Evangelho

℣. Palavra da salvação
℟. Glória a Vós, Senhor (OM 13).

7) Livro

"A dança é rígida passando pelo corredor,
um livro abraçado, segurado ao alto, mantido em alto apreço
o suporte comum das narrativas
de fibra vem de campos de algodão
e a polpa de celulose de floresta cortada no Maine.
Aquilo que a terra deu, mãos tornaram
plano, delgado e unido entre duas capas,
as páginas agora recobertas com signos
essa imagem soa essa imagem toda:
apenas as pinturas de pinturas
são letras reunidas em palavras

e palavras alinhadas e empacotadas, atadas –
aqui, porém, encontra-se o nosso próprio núcleo:
os poemas, genealogias,
leis, cartas, provérbios, profecias,
salmos, histórias, visões passadas adiante
de boca para outra, de língua para outra,
de página a outra: um ano ou três
para recontar renovar o circuito, este livro
que ora dança no doce incenso
e cujo alfabeto tem o sabor doce do beijo" (Gabe Huck, in: LGWO, 45).

Referências para reflexão

BERNARDIN, J. *Guide for the Assembly*. Chicago: Liturgy Training, 1997, p. 11-14.

BERNSTEIN, E. (org.). *Liturgical Gestures Words Objects*. Notre Dame: Notre Dame Center for Pastoral Liturgy, 1995.

CONNELL, M. *Guide for the Revised Lectionary*. Chicago: Liturgy Training, 1998.

MAHONY, R. *Gather Faithfully Together*: Guide for Sunday Mass. Chicago: Liturgy Training, 1997, p. 17-20.

MITCHELL, N. (org.). *Table Bread and Cup*: Meditations on Eucharist. Notre Dame: Notre Dame Center for Pastoral Liturgy, 2000, p. 46-53.

RAMSHAW, G. *Words around the Table*. Chicago: Liturgy Training, 1991.

5
Os dons oferecidos do pão e do vinho

Introdução

A apresentação das oferendas é a primeira das três partes que compõem a liturgia eucarística. As outras duas partes são a oração eucarística e o rito da comunhão. A apresentação dos dons consiste nos seguintes elementos rituais:

- preparação do altar;
- apresentação das oferendas;
- oração de bênção do pão;
- preparação do cálice;
- oração de bênção do vinho;
- convite para a oração e resposta ("Orai, irmãos e irmãs... Receba o Senhor...");
- oração sobre as oferendas.

A mistagogia para esse encontro deverá concentrar-se na ação ritual de apresentação do pão e do vinho e nas orações de bênção que podem ser pronunciadas em voz alta para cada um deles.

Instruções de suporte

Forma e significado da apresentação

A liturgia eucarística começa com a preparação do altar. A *Instrução Geral sobre o Missal Romano* identifica diversas pessoas que podem desempenhar alguma função ali. O diácono coloca o corporal, o sanguíneo e cálices sobre o altar (IGMR 94). Os acólitos assistem o diácono e eles mesmos preparam o altar quando não há diácono (IGMR 98, 190). E se não houver acólitos, pode-se encarregar uma pessoa leiga para preparar o altar (IGMR 100, 106). Preparar o altar é como preparar a mesa do jantar à vista dos convidados. Quando isso é feito passo a passo, com graça e cuidado, eleva-se e concentra-se a atenção dos fiéis para a importância e significado da refeição que está para acontecer. O mesmo vale também para a Eucaristia. Quando foram membros da comunidade e não o sacerdote quem preparou a mesa do altar, isso já comunica silenciosamente que nos reunimos à mesa do Senhor como pessoas sacerdotais que participam plenamente do rito. Essa mensagem acaba sendo reforçada pelo modo como os dons são apresentados.

A *Instrução Geral* (n. 72) liga a apresentação dos dons com o que fez Jesus na última ceia: "Na preparação dos dons levam-se ao altar o pão e o vinho com água, isto é, aqueles elementos que Cristo tomou em suas mãos". Em determinado nível, a apresentação é simplesmente uma ação prática, trazendo o pão e o vinho para a mesa do altar. Mas terá esse gesto algum outro significado? O n. 73 continua: "É louvável que os fiéis apresentem o pão e o vinho que o sacerdote ou o diácono recebem em lugar adequado para serem levados ao altar. Embora os fiéis já não tragam de casa, como outrora, o pão e o vinho destinados à liturgia, o rito de levá-los ao altar conserva a mesma força e significado espiritual".

Vale a pena aprofundar diversos outros aspectos dessa afirmação por causa da importância que eles podem ter para nós. Em primeiro lugar, é muito louvável que os fiéis apresentem o pão e o vinho. Em muitas comunidades, as pessoas que fazem essa apresentação vão se alternando a cada domingo, envolvendo diversos membros da assembleia com o passar do tempo. Nós somos um povo sacerdotal, chamados tanto em nosso batismo quanto na própria natureza da liturgia para uma "plena, cônscia e ativa participação das celebrações litúrgicas" (SC 14). Trazendo os dons para o altar, observando a procissão e acompanhando-a cantando, tudo isso são formas de participar.

Em segundo lugar, em tempos antigos, eram os fiéis que traziam pão e vinho para a celebração. Escritores da Igreja primitiva indicam que essa era a expectativa de todos. O pão e o vinho eram depositados num lugar reservado.

Mosaicos feitos no chão do salão catecumenal em Aquileia (312-320 d.C.) retratam pessoas depositando pães em cestas e outros trazendo dons em espécie. Um outro mosaico mostra o diácono carregando certa quantidade de pães para a apresentação. Ele escolhia o tanto que se fazia necessário para a celebração e o restante era distribuído para os pobres ou necessitados.

Em terceiro lugar, os dons são trazidos em uma procissão. Como vimos no capítulo 3, uma procissão consiste em "uns poucos representantes trilhando uma distância representativa: jornada destilada". Eles marcham em nosso lugar. Numa paróquia adjacente a procissão com os dons é feita junto com a cruz processional e velas. Conforme a procissão vai avançando no corredor, as pessoas vão se colocando em pé, fileira por fileira, como uma "ola" que se costuma praticar nos estádios. Ficando em pé assim está se sinalizando que aquilo que está sendo apresentado é também seu dom.

Em quarto lugar a *Instrução Geral* observa que as pessoas já não trazem mais pão e vinho de casa para a celebração. Desde o início da Idade Média o pão assado em casa foi substituído por pequenas hóstias não fermentadas por uma série de razões. Por exemplo, essa forma extraordinária de pão da comunhão dava uma expressão descritiva do senso de devoção e indignidade que prevalecia na piedade de então. A provisão de pães não fermentados para a comunhão era deixada ao encargo de "pessoas sagradas", os membros de comunidades religiosas, como um sinal de sobrevivência. Isso continua sendo verdade hoje em dia, mas cada vez mais está se deixando essa responsabilidade a firmas que cuidam de provisões para a Igreja. Esse modo de provisionar as hóstias eliminou uma forma de participação ativa na apresentação dos dons através dos membros da assembleia local. Eles já não trazem de casa pão e vinho numa procissão informal que formava o prelúdio da procissão formal com os dons nos "poucos representantes". De qualquer modo, a *Instrução Geral* diz que o rito de levar pão e vinho ao altar "conserva a mesma força e significado espiritual". Mas qual é esse significado espiritual de nossa prática presente? O significado da apresentação dos dons será aprofundado aqui, na medida em que estudamos as orações de bênção do pão e do vinho[50].

---

50. As frases individuais dessa oração podem ser mostradas na apresentação visual uma por uma, com imagens apropriadas, conforme se vai refletindo sobre elas.

Apresentação do pão

A oração de bênção do pão nos fornece algumas indicações importantes para compreender o significado espiritual da apresentação dos dons. A oração diz o seguinte:

℣. Bendito sejais, Senhor, Deus do universo,
pelo pão que recebemos de vossa bondade,
fruto da terra e do trabalho humano,
que agora vos apresentamos,
e para nós se vai tornar pão da vida.
℟. Bendito seja Deus para sempre! (OM 19).

Essa oração de bênção identifica o pão como dom em diversos níveis. A oração nos diz primeiramente que esse é um *dom que recebemos de Deus*. Mas por que é que Deus, o criador desse imenso universo, estaria preocupado com algo como o pão? O livro do Gênesis conta a história de como Deus criou a terra e tudo o que ela contém. Imagens do universo tomadas pelo telescópio espacial Hubble capturam a imensidão estonteante e beleza daquilo que Deus criou. A partir dessa grandeza e beleza, as Escrituras nos dizem que podemos chegar a conhecer algo da grande imensidão e beleza de Deus (Sb 13,5; Rm 1,19-20). No entanto, esse Deus maravilhoso e majestoso cuida mesmo da mais ínfima das criaturas. O Gênesis nos relata como Deus provê alimento para os seres humanos e, até, para cada passarinho e animal (Gn 1,29-30). Deus dá seu alimento a todas as criaturas vivas (Sl 136,25). Pão é um dom que recebemos da bondade generosa de Deus.

A oração de bênção fala, depois, que o pão é *fruto da terra*. O pão é algo tão comum em nossas vidas que raramente pensamos de onde ele provém. O pão é feito de grãos de cereal, mais comumente de trigo. Os grãos de cereal são a fonte comum de amido nas zonas temperadas e são formas de gramínea domesticada que brota da terra. Suas sementes, agrupadas em espigas, são colhidas e transformadas em várias formas de pão para o consumo humano diário.

De forma bem simplificada, o ciclo de vida do trigo começa com a semeadura das sementes no solo. Quando as condições de ar, as temperaturas do solo e a umidade do solo forem favoráveis, a semente começa a verter raízes, hastes e folhas. No assim chamado trigo de inverno, semeado no outono, as plantas novas entram em dormência durante o inverno e retomam seu crescimento na primavera. Elas recolhem nutrientes da chuva que cai e do solo para completar seu ciclo de crescimento. Quando as plantas amadurecem no começo ou no meio do verão, começam a surgir as espigas e grãos polinizados. O grão maduro contém um pequeno embrião e grande suplemento de amido que serve para alimentar o embrião para uma nova geração. Quando o grão maduro é colhido e triturado, o amido forma o componente principal da farinha.

Esse processo biológico é algo realmente espetacular – como é que um minúsculo embrião transmissor de vida, no coração da semente, com o auxílio de simples nutrientes e condições apropriadas, é capaz de transformar-se numa planta plenamente desenvolvida sustentando numerosas sementes, em condições de se reproduzir e de se transformar em pão. Também esse ciclo de vida-morte-vida contém uma rica e potente simbologia para a vida humana. Para o cristão, vemos ali um ciclo de nascimento-vida-morte-vida futura.

Como diz nossa oração sobre as oferendas, pão é também fruto do *trabalho humano*. Todos nós sabemos que os agricultores e os padeiros têm contribuição decisiva nesse processo. Mas há muito mais implicado ali. Os agricultores que plantam e colhem o trigo têm necessidade de máquinas. Essas máquinas precisam de pessoas para serem fabricadas, fábricas, equipamentos para fabricação, escritórios, computadores, móveis. Esses, por seu lado, são os produtos de outros trabalhadores e seus equipamentos. Quando é colhido, o trigo deve ser transportado por caminhões e trens para os armazéns e moinhos, a farinha moída é transportada para as padarias, e o pão para mercearias onde é precificado pelo merceeiro e colocado em prateleiras para ser embalado e vendido no balcão. Em cada passo desse longo caminho, são necessários edifícios, equipamentos, suplementos e operários humanos. O "trabalho humano" reverbera de uma estância para outra. Produzir um simples item chamado pão requer o trabalho de uma infinidade de mãos.

Vamos nos deter por um momento nesse nível humano. Pão é aquilo que os antropólogos chamam de símbolo condensado. O que vem condensado no pão é o potencial de nutrimento de nossa terra, doado por Deus, junto com todo o trabalho humano empenhado nessa produção. O pão traz impressa em si a marca de todo esse trabalho humano. Ele também carrega a marca de nosso costume diário de consumir pão. Pão é um produto humano feito para o consumo humano; é feito para servir de alimento. Em nível puramente fisiológico, ele nutre nosso corpo, nossa vida corpórea. Mas o pão que é partido nos alimenta em outro nível. E, uma vez que nos alimentamos do mesmo pão, criam-se laços entre aqueles que estão à mesa juntos. O que partilhamos não é apenas o alimento fisiológico, mas também nossas relações e nossa convivência. Somos uma companhia – *cum-pane*, os que partilham o pão. Como o grão de trigo, esse partilhar do pão envolve igualmente uma morte para si mesmo e um ressurgimento novo para a vida em comum.

Num sentido real, portanto, o que carregamos em procissão para a mesa do altar não é apenas a realidade física do pão. Ao contrário, o pão é símbolo de todo nosso trabalho, nossos relacionamentos, nossas vidas, de nós mesmos, de nosso mundo. Condensado nesse pão, tudo isso acaba sendo trazido durante a procissão para o altar. Não deveríamos todos nós na assembleia caminhar espiritualmente com esses "poucos representantes", marchando essa "distância representativa" para apresentar nosso trabalho, nossas vidas, a nós mesmos, nosso mundo, para a oferta que vamos fazer?

Mas a oração de bênção toca ainda outro nível do dom. O pão irá transformar-se para nós no *pão da vida*. O pão colocado sobre a mesa do altar está destinado a se transformar depois no dom salvífico para nós, o pão da vida. Esse é o cume de um longo processo, no qual o pão é transformado e num processo derradeiro adota um significado religioso e espiritual.

Essa transformação ulterior do significado do pão não é algo que possamos realizar nós mesmos. É Deus quem faz isso. O pão se transforma em sinal do cuidado e preocupação especial de Deus pelo povo da aliança. Na história do Êxodo (Ex 12), Deus instrui a Moisés dizendo que o povo poderá comer cordeiro assado e pão ázimo na noite antes da saída do Egito. Para sempre eles deveriam observar esse ritual anualmente como memorial de sua libertação[51]. No decurso do êxodo, Deus alimentou-os com maná, uma espécie desconhecida de "pão dos céus" (Ex 16,9-15), e os levou para uma terra que era sua, uma "terra de trigo e cevada", onde poderiam "comer pão em saciedade" (Dt 8,8-9). Deus prometeu a Israel o dom do melhor

---

51. A Festa da Páscoa engloba dois ritos religiosos precedentes sobre a época da primavera, celebrados com cordeiro e pão sem fermento, que pedem a Deus fertilidade para os rebanhos e para os campos. Esse é um exemplo de transformação de rituais humanos e religiosos em rituais de memória referidos em CIC 1145 e 1189.

trigo (Sl 81,16) e eventualmente uma festa de ricos alimentos na montanha do Senhor no fim dos tempos (Is 25,6). A oração pronunciada ao partir e distribuir o pão no começo das refeições diárias, e de pão ázimo (*matzah*) na Festa da Páscoa, lembra aos judeus que pão é símbolo da aliança de Deus com eles. Partilhando o pão eles estão reafirmando a aliança.

Formado dentro dessa tradição, Jesus adapta e transforma a linguagem alimentar de seu povo. Ele partiu pão, o ritual de abertura de toda refeição judaica. Ele fez isso, inclusive, com pessoas banidas da sociedade e pecadores, que naquela época eram considerados inaptos para partilhar da mesa dos judeus. Esse partilhar a mesa culmina na proclamação de que o reinado de Deus está aberto a todos, um verdadeiro escândalo para o *status quo* religioso daqueles dias (Lc 15,1-2)[52]. A imagem de um banquete acabou se transformando numa parábola para semelhante convite aberto para a festa no reinado de Deus (p. ex., Mt 22,1-11). O discurso de Jesus sobre o pão da vida (Jo 6,25-59) toma a história do maná do deserto e o reinterpreta para significar o "pão vindo do céu". Deus enviou o Senhor Jesus entre nós para ser o verdadeiro pão e o pão vivo vindo do céu, de modo que, quem dele comer, viverá para a eternidade: "Este é o pão que desce do céu. [...] Se alguém comer deste pão viverá para sempre. E o pão que eu darei é minha carne para a vida do mundo" (Jo 6,50-51)[53]. No Evangelho de João, a última parte da citação é vista pelos estudiosos como o equivalente às palavras de Jesus na última ceia: "Este é o meu corpo, que é dado por vós" (Lc 22,19). Entregando a si mesmo à morte, Jesus se tornou Ele mesmo em pão para o mundo. Antes disso, Ele dissera: "Na verdade eu vos digo: se o grão de trigo não cair na terra e não morrer, ficará só; mas se morrer, produzirá muito fruto" (Jo 12,24). A imagem da morte do grão de trigo mostra o preço que Ele pagaria para tornar-se o pão da vida para o mundo. Esse também será o preço do dom a ser pago por seus seguidores (Jo 12,25).

Pode-se acrescentar aqui mais uma reflexão. Muitas vezes os liturgistas manifestam o desejo de que poderíamos voltar a usar pães "reais" (i. é: pão levedado) para a Eucaristia, como se fazia nos primeiros séculos da Igreja. Esse pão melhor espelharia o significado simbólico de ser partido e dis-

---

52. Esses versos formam o preâmbulo de três parábolas de um Deus que se rejubila por ter encontrado a ovelha perdida, a dracma perdida ou o filho perdido.
53. O relato de João sobre a última ceia não contém palavras de instituição.

tribuído do que a pequena hóstia individual que usamos atualmente. De qualquer modo, o Cardeal Bernardin vê o potencial mistagógico que pode ser recuperado em nossa prática atual. Ele escreve: "O pão ázimo não é obviamente o pão que usamos em nossas práticas simples do dia a dia; nosso pão cotidiano é um pão simples, um pão dos pobres. Nós lançamos nosso destino nesse pão com os pobres, sabendo nós mesmos que – embora bem abastados materialmente – somos povo pobre, necessitado e faminto. Se não reconhecermos nossa fome, não teremos lugar a esta mesa. De que outro modo Deus poderia nos alimentar?"[54]

É possível também ver outro significado simbólico nesse "pão simples". Num nível humano, esse tipo de hóstia pequena, quase insubstancial, parece totalmente inadequada para saciar a fome humana. Precisamos ser sempre de novo alimentados. Isso sugere que podemos ver a Eucaristia também como um alimento sagrado que necessitamos para celebrar sempre e cada vez de novo, enquanto trilhamos nossa caminhada de nossa primeira comunhão até nossa última comunhão, tradicionalmente chamada de *viaticum*, que significa "alimento para a viagem" para além da vida, para a eternidade. Mas a Eucaristia recebida sempre de novo durante nossa vida pode ser vista como "alimento para a viagem", alimento de que precisamos para sermos alimentados ao longo do caminho da vida cristã sobre essa terra, desde o início até a morte. A Eucaristia é aquilo que Gordon Lathrop chamou de "festa da fome", uma ideia à qual retornamos sempre de novo[55].

Apresentação do vinho

O segundo dom apresentado na mesa do altar é o vinho. Qual é seu significado espiritual? A oração de bênção do vinho nos dá algumas dicas.

℣. Bendito sejais, Senhor, Deus do universo,
pelo vinho que recebemos de vossa bondade,
fruto da videira e do trabalho humano,
que agora vos apresentamos
e para nós se vai tornar vinho da salvação.
℟. Bendito seja Deus para sempre (OM 21).

---

54. BERNARDIN, J. *Guide for the Assembly*, p. 54.
55. LATHROP, G.W. "The Hungry Feast". *Lutheran Forum* 11, American Lutheran Publicity Bureau, 1977.

Novamente, por que é que Deus, o criador desse vasto universo – espaço imenso e galáxias sem fim, muito além de nossa pobre compreensão –, está preocupado com algo tão minúsculo como uvas e vinho? Mas, sim, Deus se preocupa. O Sl 104 canta louvores a Deus, que criou todas as coisas.

> Faz brotar a erva para o gado,
> as plantas que se cultivam
> para tirar da terra o alimento,
> o vinho que alegra o coração,
> o óleo que dá brilho às faces
> e o pão que renova as forças (Sl 104,14-15).

Como acontece com o pão, o vinho também é um dom para nosso uso, que *recebemos da bondade de Deus* e por sua providência.

A oração sobre as oferendas chama o vinho de *fruto da videira*. Esse modo de chamar o vinho já nos é familiar desde a última ceia (p. ex., Mt 26,29). Essa frase liga vinho com videiras. Videiras têm raízes, tronco e ramos. São plantas perenes, com um ciclo de vida anual. No final de uma estação, começam a brotar rebentos que ficaram adormecidos durante o inverno. Podados no início da primavera, quando se apresenta uma temperatura adequada eles começam a despertar. Com o auxílio de nutrientes e água absorvidos do solo e da fotossíntese, eles lançam ramos que produzem gavinhas, ramos com folhas e outros ramos menores com gemas e flores. Após a polinização, os cachos começam a se desenvolver, vão amadurecendo e estão prontos para a colheita no final do verão. Depois a planta entra novamente em período de dormência, e prepara as videiras para o próximo ciclo. O vinho que é produzido após a colheita é realmente o dom da videira e da terra.

A oração de bênção diz que o vinho é *fruto do trabalho humano*. Como o pão, ele envolve o trabalho de inúmeras pessoas – aqueles que cultivam e podam as videiras; aqueles que colhem as uvas; aqueles que transportam as uvas para as vinhateiras; aqueles que moem as uvas para tirar seu suco, adicionam levedura (e açúcar em certos casos) para iniciar o processo de fermentação; aqueles que engarrafam o vinho e supervisionam seu comportamento; aqueles que transportam o vinho finalizado para lojas de varejo, onde é precificado, armazenado e embalado para comercialização. Para cada uma dessas atividades necessita-se de edificações apropriadas, equipamentos, e outros recursos. Isso também, por seu turno, requer outros materiais e colaboradores. Como acontece com o pão, também o vinho é um símbolo denso, que traz impresso em si o trabalho de muitas mãos, vidas de colaboradores e o próprio trabalho. Tudo isso é trazido junto para a mesa do altar, apresentado e reservado para ser oferecido posteriormente como um dom. Dito de outra forma, a apresentação do vinho consagra-o no ato de oferenda que irá se seguir no decorrer da missa.

Através do trabalho humano, esse dom de Deus e da mãe terra foi transformado e recebe um significado novo. Em sua realidade física, vinho é uma bebida que atenua a sede humana. Mas é muito mais do que isso. O salmista diz que ele nos alegra o coração. Como todas as bebidas fermentadas, que requerem um longo tempo de fermentação e muito esforço para ser produzidas, essa bebida é guardada, muitas vezes, para ocasiões muito especiais. Nessas ocasiões, o vinho é partilhado com outras pessoas, e antes de ser consumido costuma-se fazer um brinde com os convivas. Vinho fala de amizade, festa e alegria; seu significado transformado já não é mais apenas atenuar a sede.

O vinho que trazemos à mesa do altar, agora, será transformado novamente e receberá um nível de simbolismo adicional. A oração de bênção fala que *ele será transformado em bebida espiritual*. O que poderá significar isso? Na Bíblia vamos encontrar todo um conjunto de tais significados. A videira e a vinha são usadas pelos profetas e pelo salmista como uma imagem comum para indicar Israel como o povo de Deus e para Deus como o dono da vinha e o vinhateiro.

> A videira que retiraste do Egito,
> Tu a replantaste, expulsando as nações
> preparaste o terreno para ela,
> para que lançasse raízes e enchesse o país (Sl 80,8-9).
>
> Naquele dia, cantai à vinha deliciosa! Eu, o Senhor, sou o seu guarda, em todo momento eu a rego. Para que nada sofra, eu a guardo noite e dia (Is 27,2-3)[56].

Essa imagem da vinha também forma o plano de fundo de algumas das parábolas de Jesus (p. ex., Mc 12,1-12). E mais importante que isso é o fato de Ele se identificar como a videira, e os discípulos seriam seus ramos (Jo

---

56. Cf. tb. Sl 80,8-16.

15,1-5). Eles poderão gerar fruto apenas a partir da videira viva e permanecendo nela.

Há uma segunda vertente nesse conjunto bíblico de significados simbólicos que é escatológica.

> O Senhor todo-poderoso prepara nesta montanha para todos os povos
> um banquete de carnes gordas e vinhos velhos,
> de alimentos gordos suculentos e de vinhos velhos bem tratados (Is 25,6).

Na última ceia também Jesus lança mão de uma imagem escatológica: "Em verdade, em verdade vos digo, não tornarei a beber do fruto da videira até aquele dia em que beberei um vinho novo no reinado de Deus" (Mc 14,25; Mt 26,24; Lc 22,18)[57].

Nas Escrituras vamos encontrar também uma terceira vertente de significados simbólicos. O vinho é o "sangue das uvas", usados tanto como bebida (Dt 32,14; Eclo 39,26) quanto como libação (Eclo 50,15). Essa ligação com sangue pode muito bem ter sido sugerida aos israelitas pela cor vermelha do vinho. Em seu modo de compreender, o sangue é onde reside o alento de Deus que nos vivifica. O relato da criação diz: "Então o Senhor Deus formou o varão do pó da terra e soprou em suas narinas o sopro da vida; e o varão se tornou um ser vivo" (Gn 2,7). É o alento de Deus que nos dá a vida e é a força da vida que está dentro dos seres humanos e dos animais. É por essa razão que as regulamentações do *cashrut* proibiam o consumo humano de sangue (Gn 9,4). O sangue que sustenta a vida foi tomando uma série de significados: libação sacrificial (Lv 4,5-7), purificação e expiação (Hb 9,22), vínculo de aliança entre aqueles que o partilham. O primeiro exemplo de uma aliança selada com sangue se encontra em Ex 24,3-8. Foram sacrificados bois, e Moisés aspergiu o altar com metade do sangue coletado, representando Deus, e com a outra metade aspergiu o povo dizendo "o sangue da aliança". No relato sobre a instituição da Eucaristia de Marcos e de Mateus, essa fórmula é citada literalmente nas palavras de Jesus sobre o cálice do vinho (Mc 14,24; Mt 26,28). Suas palavras, que afirmam que o vinho do cálice é o "sangue da aliança", significam que é sua vida, Ele mesmo, que

---

57. Alguns estudiosos observam que essas palavras escatológicas de Lucas antecedem o relato da instituição da Eucaristia, asseverando que a ceia toma lugar já dentro do reinado de Deus.

será derramado por muitos, para o perdão dos pecados. Ademais, Ele fala de sua morte como o "cálice que o pai me ofereceu" para ser bebido (Jo 18,11). Como aconteceu com o pão, o vinho serve muito bem como um símbolo para a morte do si-mesmo que gera nova vida. Como o pão, o vinho também é um símbolo de vida, doado na morte, para alimento e ventura para o outro. Há uma parte de um poema reflexivo de Mark Searle que expressa essa realidade com maestria:

> Alimento e bebida são criaturas que alcançam sua plenitude
> ao ser colocadas à disposição de outros:
> eles existem para servir às necessidades de outros;
> seu destino se consuma ao serem destruídos[58].

Esse conjunto bíblico de símbolos aponta para o sentido espiritual que irá tomar o vinho para a continuação da celebração eucarística. O vinho que ora é trazido para o altar será transformado no sacramento da própria doação de Cristo, o sangue derramado para nossa salvação.

Também podemos observar a simbologia presente no vinho para as refeições judaicas e cristãs. A oração judaica antes das refeições costuma ser pronunciada tradicionalmente sobre o cálice de vinho, chamado tecnicamente como "cálice da bênção" no Seder. A oração pronunciada sobre esse cálice agradece a Deus pela terra e por todas as bênçãos da aliança. "Comerás e te fartarás, bendizendo o Senhor pela boa terra que te deu" (Dt 8,10). Na refeição eucarística dos cristãos, também usamos a oração sobre o cálice do vinho para recordarmos da aliança selada na morte de Jesus: "Esse cálice que é derramado por vós é a nova aliança no meu sangue" (Lc 22,20). Essa memória é bem mais do que uma mera reminiscência. Ela nos transporta para dentro da ação de aliança com Jesus. "O cálice de bênção que abençoamos não é a comunhão com o sangue de Cristo? E o pão que partimos não é a comunhão com o corpo de Cristo?" (1Cor 10,16).

Diálogo do dom I

Mais uma reflexão busca servir de sumário dessas instruções e posteriormente dar uma perspectiva mais abundante à apresentação de pão e vinho.

---

58. SEARLE, M. "Bread & Wine". In: LGWO, 53.

Na apresentação dos dons, pão e vinho são identificados como dons de Deus, dons da terra, e dons do trabalho humano – dons que são destinados a se tornarem nosso alimento e bebida espirituais[59]. São parte do que E.C. Miller chama de um "diálogo do dom", que é na realidade um "diálogo de amor"[60]. A criação é uma ação de Deus de doação de dons. Isso inclui não apenas a criação material e todas as coisas vivas, mas também as habilidades humanas capazes de atualizar o potencial do mundo e reapresentar o mundo a Deus como um dom, um dom a ser partilhado para o bem de todos. Na apresentação de pão e de vinho, Miller observa que o batizado declara formalmente sua boa vontade de reentrar em diálogo do dom iniciado na criação, um diálogo que decaiu em silêncio com a queda. Em nossa autossuficiência e em nosso egoísmo, nos esquecemos de quem nos presenteou com esses dons e que eles não nos foram doados com a intenção de serem apenas nossos, mas foram doados para o uso de toda a família humana. Em última instância, pão e vinho são dons de Deus. São igualmente obra do trabalho humano. O que está neles condensado é todo o trabalho colaborativo humano que foi envidado em sua produção. Esse círculo de trabalho humano se expande e inclui não apenas agricultores, moleiros e padeiros, produtores de uvas e vinicultores, mas uma multidão de outras mãos que tornaram possível o trabalho destes. De fato, o que colocamos sobre a mesa é todo nosso trabalho, nossa vida verdadeira e a própria criação, como um dom para ser ofertado a Deus em agradecimento e para que seja usado para o serviço dos nossos irmãos. Na missa todos nós somos incluídos para acompanhar os dons que são levados em espírito enquanto eles caminham pelo corredor cada um carregando nossos próprios dons em nossas mãos, para depositá-los sobre a mesa do altar. A oração sobre os dons para o vigésimo domingo do tempo comum expressa bem o diálogo do dom que acontece dentro do rito de apresentação.

> Acolhei, ó Deus, estas nossas oferendas,
> pelas quais entramos em comunhão convosco,
> oferecendo-vos o que nos destes,
> e recebendo-vos em nós.
> Por Cristo, nosso Senhor.

---

59. Com pequenas modificações, esse parágrafo é tomado de um artigo que escrevi para o *Dictionary of the Passion* (Roma: Città Nuova).

60. STANILOAE, D. apud: MILLER, E.C. "Presentation of Gifts: Orthodox Insights for Western Liturgical Renewal". *Worship*, 60, 1986, p. 22-38.

É muito apropriado colocarmos esse dom de nós mesmos na mesa do altar. A mesa do altar é o espelho de nós mesmos, que somos "altares espirituais, em que se oferece a Deus o sacrifício de uma vida santa" (*Ritual da dedicação de altar*, 2).

Uma lista final de questões: Como podemos celebrar a apresentação dos dons de tal modo que Ele nos proporcione constantemente uma rica experiência enquanto esperamos que se abra e se nos revele na mistagogia? Como é que essa mistagogia nos ajudará a compreender e apropriar-nos da viagem de nossa vida de autodoação na imitação de Cristo, em unidade com sua autodoação, para o que nos prepara esse rito? O próximo capítulo irá nos ajudar a compreender isso.

A mistagogia

A preparação do local

A ambientação para esse encontro pode providenciar um arranjo artístico com uma peça de pão e uma garrafa de vinho tinto sobre uma pequena mesa coberta com uma toalha de tecido. Além disso, pode-se arrumar o local colocando velas acesas ou flores.

Tabela 5A

	Tópico de *slide* para PowerPoint
Título	Apresentação dos dons de pão e vinho
Imagem	Procissão com dons (comunidade local)

Observar a experiência
- O que acontece na apresentação dos dons?

TABELA 5B

Extrair os elementos em detalhes

- Num momento de silêncio recordar e reviver esse ritual de apresentação.
- Citar em voz alta os elementos de apresentação de que você mais gosta.

- Quais são os elementos que mais ajudam você a entrar naquilo que significa a apresentação?

Forma de apresentação

- Como o significado da apresentação seria diferente se todos nós trouxéssemos pão e vinho, como faziam as pessoas na Igreja primitiva.

Tabela 5C

Temas	Prática da Igreja primitiva, pão e vinho trazidos de casa como nós participamos em procissão caminhando em espírito com os "poucos representantes"
Título	Apresentação de pão e vinho
Imagens	Salão catecumenal (Aquileia), painéis de um mosaico de chão mostrando o povo colocando pão dentro de cestos, diácono carregando pães dependurados num mastro carregado aos ombros ou imagens semelhantes (se esses não estiverem disponíveis)
Título	Procissão com os dons
Imagem	Procissão com os dons (comunidade local)
Texto 1	IGMR 73, texto completo, sublinhando "força e significado espiritual"
Título	Qual é o significado espiritual?
Texto	Pistas das orações de apresentação

Reflexão sobre as ações rituais e os símbolos rituais

Pão

- O que a oração de bênção do pão diz que é o pão?
- O que é pão?

Tabela 5D

Temas	Dom do Deus de toda a criação, dom da terra
Título	Oração de bênção do pão
Texto 2	"Bendito sejais, Senhor, Deus do universo, pelo pão que recebemos de vossa bondade, [...] que agora vos apresentamos."
Imagens	Estrelas e galáxias [Hubble], terra vista a partir do espaço [depois sobreposta]

Temas	Dom do Deus de toda a criação, dom da terra
Texto	Pão: dom do Deus de majestade
Título	"fruto da terra"
Imagens	Campos de trigo, espigas de trigo (*close*)
Texto	Dom da terra

- Quem está envolvido na produção do pão?

Tabela 5E

Temas	Dom do trabalho humano feito para o consumo humano símbolo condensado de muito trabalho humano
Título	"Trabalho humano"
Imagens	Trabalhadores colhendo trigo mãos amassando/assando mãos cortando pão (*close*)
Texto	Dom do trabalho humano

- Para que finalidade serve o pão?
- Por que é que o chamamos de "sustento da vida"?

Tabela 5F

Temas	Dieta básica de pão nutre a vida corpórea partilha de pão expressa a vida humana vivida em conjunto (família, amigos)
Título	Partilhado
Imagens	Mãos partindo pão (*close*) pessoas repartindo pão à mesa, ou num piquenique.

- Como o pão é usado como simbologia nas Escrituras?
- Como podemos relacionar esse significado profundo com as hóstias que costumamos usar?

Tabela 5G

Temas	"Vai se tornar pão da vida" Maná do deserto – o cuidado providente de Deus Partindo o pão como memória da aliança Imagem de banquete do final dos tempos (Isaías) Prática solidária das refeições de Jesus Parábolas do Reino dos Céus "O grão de trigo deve morrer" "O pão que eu darei... para a vida do mundo" Um pão simples, uma festa para os famintos
Título	"O pão da vida"
Imagem	Última ceia
Texto	"O pão que eu darei... para a vida do mundo" (Jo 6,51).
Imagem	Hóstia
Texto 3	"Um pão simples, um pão dos pobres. [...] Se não reconhecermos nossa fome, não teremos lugar a esta mesa. De que outro modo Deus poderia nos alimentar?"

Vinho

- O que a oração de bênção do vinho diz que é o vinho?

Tabela 5H

Temas	Dom do Deus de toda a criação, fruto da videira
Título	Oração de bênção do vinho
Texto 4	"Bendito sejais, Senhor, Deus do universo, pelo vinho que recebemos de vossa bondade, fruto da videira e do trabalho humano, que agora vos apresentamos."
Imagens	Estrelas e galáxias [Hubble], terra vista do espaço [sobreposta]
Texto	Vinho: dom do Deus de majestade
Título	"Fruto da videira"
Imagens	Vinhedo, cachos de uva pendurados na videira, taça de vinho tinto
Texto	Dom da videira

- O que é o vinho?
- Quem está envolvido na produção do vinho?

Tabela 5I

Temas	Dom do trabalho humano símbolo condensado de muito trabalho humano feito para consumo humano, para festa
Título	"trabalho humano"
Imagens	Trabalhadores podando videiras Trabalhadores colhendo uvas Cestas de uvas Vinhateiro e barris de vinho
Texto	Dom do trabalho humano

- Para que serve o vinho?
- Por que reservamos o vinho para ocasiões especiais?
- Por que usamos vinho para brindar?

Tabela 5J

Temas	Vinho mitiga a sede Partilhando vinho, alegria compartilhada, festa (família, amigos) Brindes para homenagear os convidados
Título	Partilha
Imagens	Garrafa e taça de vinho (*close*) Partilhando brindes à mesa

- Como o vinho é usado nas Escrituras como um símbolo?

Tabela 5K

Temas	"Irá se tornar nossa bebida espiritual" Israel vinhedo de Deus, videira Vinhos bem envelhecidos no banquete do fim dos tempos (Isaías) Parábola de Jesus sobre a videira e os ramos "O cálice que devo beber" "A nova aliança em meu sangue"
Título	"nossa bebida espiritual"
Imagens	Taça de vinho ["cálice de bênção"] Última ceia
Texto	"Esse cálice é a nova aliança em meu sangue" (2Cor 11,25).

Diálogo do dom

- Que dons colocamos na mesa do altar na apresentação?
- O que é o significado disso?
- Quem nos dá os dons que trazemos para apresentar?
- Que dons esperamos receber de volta?

Tabela 5L

Temas	A linguagem cristã antiga da "sagrada/maravilhosa permuta" dom da criação de Deus, vida, Filho encarnado, vida eterna nosso dom de agradecimento, estar pessoalmente engajado no serviço do reinado de Deus
Título	O significado espiritual?
Texto	Pão e vinho para serem transformados em alimento e bebida espirituais
Texto	Num diálogo de dom
Texto 5	Oração sobre as oferendas, vigésimo domingo do tempo comum [inserir o texto completo, sublinhando o seguinte:] permuta gloriosa: "oferecendo-vos o que nos destes e recebendo-vos em nós"

Recapitulação

Tabela 5M

Temas	Sumário dos temas apresentados acima
Título	Apresentação dos dons de pão e de vinho
Imagem	Procissão dos dons
Texto	Trazendo o dom de nossas vidas
Texto	Uma permuta sagrada de dons
Texto 6	"Orai... para que o nosso sacrifício seja aceito por Deus..." "Receba o Senhor este sacrifício..."

Textos

1) IGMR 73

Embora os fiéis já não tragam de casa, como outrora, o pão e o vinho destinados à liturgia, o rito de levá-los ao altar conserva a mesma força e significado espiritual.

2) Oração sobre as oferendas

℣. Bendito sejais, Senhor, Deus do universo,
pelo pão que recebemos de vossa bondade,
fruto da terra e do trabalho humano,
que agora vos apresentamos
e para nós se vai tornar pão da vida.

℟. Bendito seja Deus para sempre!" (OM 19).

3) Manual para a assembleia

O pão ázimo não é obviamente o pão que usamos em nossas práticas simples do dia a dia; nosso pão cotidiano é um pão simples, um pão dos pobres. Nós lançamos nosso destino nesse pão com os pobres, sabendo nós mesmos que – embora bem abastados materialmente – somos povo pobre, necessitado e faminto. Se não reconhecermos nossa fome, não teremos lugar a esta mesa. De que outro modo Deus poderia nos alimentar? (BERNARDIN, J. *Guide for the Assembly*, p. 54)

4) Oração sobre as oferendas

℣. Bendito sejais, Senhor, Deus do universo,
pelo vinho que recebemos de vossa bondade,
fruto da videira e do trabalho humano,
que agora vos apresentamos
e para nós se vai tornar vinho da salvação.

℟. Bendito seja Deus para sempre" (OM 21).

5) Oração sobre as oferendas, vigésimo domingo do tempo comum

Acolhei, ó Deus, estas nossas oferendas,
pelas quais entramos em comunhão convosco,
oferecendo-vos o que nos destes,
e recebendo-vos em nós" (*Missal Romano*).

6) Oremos

Orai... Para que o nosso sacrifício seja aceito por Deus...
Receba o Senhor por tuas mãos este sacrifício... (OM 25).

Referências para reflexão

BERNARDIN, J. *Guide for the Assembly*. Chicago: Liturgy Training, 1997, p. 15-16.

BERNSTEIN, E. (org.). *Liturgical Gestures Words Objects*. Notre Dame: Notre Dame Center for Pastoral Liturgy, 1995.

GUARDINI, R. "Bread and Wine". In: HUGHES, K. (org.). *How Firm a Foundation*: Voices of the Early Liturgical Movement. Chicago: Liturgy Training, 1990, p. 115-116.

MAHONY, R. *Gather Faithfully Together*: Guide for Sunday Mass. Chicago: Liturgy Training, 1997, p. 20-25.

RAMSHAW, G. *Words around the Table*. Chicago: Liturgy Training, 1991.

RECH, P. *Wine and Bread*. Chicago: Liturgy Training, 1998.

6
Dar graças, oferecer os dons e interceder

Introdução

A oração eucarística é a segunda parte da liturgia eucarística. A oração consiste nas seguintes partes[61]:

- diálogo de abertura;
- ação de graças (prefácio);
- aclamação do santo, santo, santo (*Sanctus*);
- continuação da ação de graças (após o *Sanctus*);
- invocação do Espírito Santo (*epiclesis* da consagração);
- relato da instituição da Eucaristia (consagração);
- aclamação memorial;
- memorial (*anamnesis*);
- oferenda;
- invocação do Espírito Santo (*epiclesis* da comunhão);
- intercessões (pelos vivos e pelos mortos);
- doxologia final;
- grande aclamação do *Amém*.

A mistagogia para esse encontro irá abordar levemente alguns desses elementos, mas irá centrar-se de maneira especial no relato da instituição, a *anamnesis*, e a oferenda.

---

61. Essa lista foi adaptada de IGMR 79. Esse modelo é comum, muito embora haja algumas variações em diferentes orações eucarísticas.

Instruções de suporte
Estrutura e significado

Da apresentação dos dons, a liturgia se move então para a segunda parte da liturgia eucarística, a oração eucarística. A *Instrução Geral* (n. 78) descreve a estrutura básica e o significado da oração eucarística com as seguintes palavras:

> Inicia-se agora a oração eucarística, centro e ápice de toda a celebração, prece de ação de graças e santificação. O sacerdote convida o povo a elevar os corações ao Senhor na oração e na ação de graças e o associa à prece que dirige a Deus Pai, por Cristo, no Espírito Santo, em nome de toda a comunidade. O sentido desta oração é que toda a assembleia se una com Cristo na proclamação das maravilhas de Deus e na oblação do sacrifício. A oração eucarística exige que todos a ouçam respeitosamente e em silêncio.

O significado da oração eucarística vem resumido nessas últimas duas frases: "na proclamação das maravilhas de Deus" e "na oblação do sacrifício". Esses são os temas das duas partes principais da oração. Diversos outros comentários preliminares sobre o texto do n. 78 da *Instrução Geral* merecem ser contemplados ainda antes de abordar essas duas partes principais.

De quem é a oração

O presidente da celebração deve "associar o povo à prece que ele dirige a Deus". O diálogo do prefácio entre o presidente da celebração e o povo estabelece que a oração que se segue é a oração de toda a assembleia, presidente da celebração e povo. Muito embora proclamada pelo presidente da celebração, a oração é colocada na primeira pessoa do plural. É a nossa oração. O *Catecismo da Igreja Católica* mostra isso de forma bem clara:

> Na celebração dos sacramentos, a assembleia inteira é o "liturgo" (*leitourgos*), cada um segundo sua função, mas na "unidade do Espírito", que age em todos (CIC 1144, tb. 1188).

Não devemos tomar nossa função de *leitourgos* de modo demasiadamente exclusiva. Após a abertura da ação de graças e da resposta, continua o diálogo do prefácio (OM 27):

℣. Corações ao alto.

℟. O nosso coração está em Deus.

℣. Demos graças ao Senhor, nosso Deus.

℟. É nosso dever e nossa salvação.

Essa não é apenas uma admoestação litúrgica polida para que se preste atenção, como se faz com crianças de escola. Isso nos recorda literalmente para elevar nossos corações para onde o Salvador ressuscitado preside como o "ministro [*leitourgos*] do santuário e da verdadeira tenda edificada pelo Senhor e não por qualquer mortal" (Hb 8,2). O diálogo nos convida a nos juntarmos a essa liturgia celeste e eterna onde o Senhor ressuscitado "vive constantemente para fazer intercessão" (Hb 7,25). É essa liturgia celestial que nós celebramos na terra sob a presidência do Cristo, nosso *leitourgos*, cuja presença na assembleia é velada com sinal e símbolo – a assembleia reunida, Palavra, presidente da celebração, pão e vinho (SC 7).

Como é que isso é encenado?

Como se encena a participação na oração eucarística? A função do presidente da celebração não se resume apenas em proclamar a oração em voz alta, mas também na sua postura em pé, na sua vestimenta, os braços erguidos no antigo gesto do *orante*. Sobre a função da assembleia, a *Instrução Geral* (n. 78) observa o seguinte: "a oração eucarística exige que todos a ouçam respeitosamente e em silêncio". Ouvir com o "ouvido do coração", descrito mais adiante, é um modo apropriado de pensar esse silêncio. Mas silêncio reverente não é o único modo em que se expressa a participação da assembleia. Uma outra expressão da assembleia é ajoelhar-se após o Santo, durante o grande amém[62].

---

62. A versão oficial da IGMR, publicada pela Santa Sé, permitiu que se mantivesse a postura em pé desde o diálogo do prefácio até o final da doxologia, mas deixou a decisão definitiva ao encargo das conferências episcopais. A conferência episcopal estadunidense decidiu manter a postura de joelhos (IGMR 43), que é uma marca tradicional naquele país. [No Brasil, ajoelha-se na hora em que o presidente da celebração reza a epiclese, a oração de consagração: "Ajoelhem-se, porém, durante a consagração, a não ser que motivos de saúde ou falta de espaço ou o grande número de presentes ou outras causas razoáveis não o permitam" – N.T.]

A *Instrução Geral* (n. 34) chamou a atenção mais adiante para uma outra forma de participação bem mais primária da missa como um todo: "Sendo a celebração da missa, por sua natureza, de índole 'comunitária', assumem grande importância os diálogos entre o sacerdote e os fiéis reunidos, bem como as aclamações, pois não constituem apenas sinais externos da celebração comum, mas promovem e realizam a comunhão entre o sacerdote e o povo". Isso vem explicitado mais adiante no seguinte parágrafo (IGMR 35): "As aclamações e respostas dos fiéis às orações e saudações do sacerdote constituem o grau de participação ativa que os fiéis congregados, em qualquer forma de missa, devem realizar, para que se promova e exprima claramente a ação de toda a comunidade".

O diálogo de abertura com o presidente da celebração, as aclamações intercaladas e o grande amém que ratifica tudo isso que foi proclamado são formas verbais significativas de participação dos fiéis durante seu silêncio reverente e seu gesto de ajoelhar-se. Agora retomamos as duas partes principais da oração eucarística.

Ação de graças

A que a assembleia pronuncia seu grande amém? A primeira parte da oração eucarística está centrada na memória e no dar graças. Começa com o prefácio e continua por todo relato da instituição. É um recital ampliado de tudo que Deus fez por nós desde a criação até a salvação, culminando com a vida, morte e ressurreição de Jesus. Após a *epiclesis* consecratória, que pede a Deus para transformar pão e vinho, essa parte da oração resume a narrativa dos feitos salvíficos de Deus com a narrativa da instituição. Fiel a sua herança judaica, a oração cristã está enraizada primeiramente na memória de tudo que Deus fez por nós. O relato dos grandes feitos de Deus em pequenas orações (p. ex., as coletas) pode ser curto como uma frase ou até um adjetivo acrescido ao nome de Deus no direcionamento da oração ("Deus misericordioso..."); pode ser ampliado num relato mais completo de momentos significativos na história da salvação, como na oração eucarística. Mantendo os usos judaicos, a palavra "memória/recordação" (*zkr/zikaron*) significa bem mais do que um mero ato de reminiscência, um mero retornar para uma memória de um evento passado. Ele sempre traz consigo um sentido de nossa presença verdadeira nos feitos que são recordados (cf., p. ex., Dt 5,2-4). Esse tipo de recordação dos grandes feitos de Deus tem a intenção de evocar uma atitude de louvor e gratidão pela salvação que se recebe aqui e agora. A oração eucarística também pode ser vista como uma forma de credo, convocando-nos a professar a fé nesses grandes feitos, como atesta a *Instrução Geral* (n. 78).

Oferecer os dons e interceder

A segunda parte da oração eucarística centra sua atenção na oferenda do sacrifício e na intercessão. Essa segunda parte da oração começa com palavras como: "Celebrando, pois, a memória..." Essa parte da oração expressa nossa resposta de diversos modos: oferecendo-nos a nós mesmos como sacrifício, com Cristo, pedindo que Deus transforme a assembleia no corpo de Cristo através do poder do Espírito Santo (*epiclesis* da comunhão), e intercedendo pelos membros vivos e mortos da Igreja e pelo mundo. Transformados, devemos levar adiante a obra de Cristo sobre a terra.

Assim, as duas partes da oração eucarística são pensadas no sentido de evocar uma resposta dupla: memória agradecida por todos os fatos salvíficos de Deus e intercessão a Deus para continuar essas ações salvíficas. Novamente, a oração cristã se mantém fiel à prática judaica que ela herdou. Se aquilo que Deus doou não está localizado no passado e Deus continua sendo fiel, então, com certeza, Deus irá continuar a implementar esse plano salvífico no futuro. Essa é a razão por que nós intercedemos com Deus para recordar e para agir. Memória e intercessão são os dois componentes básicos da oração judaica herdada pela comunidade cristã; nós somos uma comunidade de memória e de esperança.

Significado para a vida

O que significa a oração eucarística para os cristãos? Há diversos elementos dessa oração que são de grande importância para a espiritualidade eucarística que podem vir à fala na vida do dia a dia e conformá-la[63]. Em

---

63. Os parágrafos restantes dessa instrução são tomados de uma nova edição de meu artigo "A Mystagogy of the Eucharist" (*Liturgical Ministry* 20, 2011, p. 163-164).

primeiro lugar, as palavras da instituição findam com o mandamento do Senhor: "Fazei isso em memória de mim" (Lc 22,19). Isso é bem mais do que uma mera diretiva formal para repetir suas ações da última ceia e tomar pão e vinho, dizendo a oração de bênção sobre eles, partindo o pão e distribuindo o pão e vinho aos seus discípulos para que comam e bebam. Jesus deu nova realidade e novo significado ao pão; Ele chamou o pão de seu "corpo, entregue por vós"; deu novo significado ao vinho, e o chamou de seu "sangue derramado por vós e por todos"[64]. Assim, o significado de toda sua vida pode ser resumido na morte a que Ele se submete livremente com essas palavras. É a si mesmo que Ele entrega[65]. Sua vida foi um gesto de autoesvaziamento e serviço pela vinda do reinado de Deus, uma vida de doação total de si mesmo por amor (Fl 2,5-11). Essa doação total de si mesmo por amor é o "isto" que devem fazer também seus seguidores, de forma perene, em memória dele[66].

Em segundo lugar, a parte da oração eucarística que segue à proclamação do mandamento de Cristo (tecnicamente chamada de *anamnesis*) é um momento elementar na resposta da assembleia, estabelecendo uma ligação entre a liturgia e a vida. Na implementação e na catequese da reforma da missa do Concílio Vaticano II esse parágrafo sobre a *anamnesis* não recebeu a atenção pastoral e catequética que mereceria de direito. A *Instrução Geral* diz: "A oblação, pela qual a Igreja, em particular a assembleia atualmente reunida, realizando esta memória, oferece a Deus Pai, no Espírito Santo, a hóstia imaculada; ela deseja, porém, que os fiéis não apenas ofereçam a hóstia imaculada, mas aprendam a oferecer-se a si próprios..." (IGMR 79s.,

---

64. Uma nota técnica: Durante a Idade Média, a recitação das palavras de Jesus no relato da instituição era vista como o momento da consagração do pão e do vinho. A presença de Cristo na Eucaristia é reconhecida na elevação da patena e do cálice e na genuflexão do sacerdote, no silêncio reverente da assembleia e na prática de tocar as campainhas e incensar as espécies. Algumas correntes da teologia atual consideram que toda a oração eucarística é consecratória. Isso se baseia no decreto de 2001, no qual a Santa Sé reconhece a validade da missa celebrada com a antiga anáfora de Addai e Mari, que não tem um relato da instituição (cf. TAFT, R. "Mass without Consecration?" *Worship* 77, 2003, p. 482-509).

65. Como foi possível ver no capítulo anterior, nas línguas hebraica e aramaica dessa época, sangue pode assumir o significado de força interna de vida nos seres humanos, uma vez que é ali que reside o sopro de Deus. O corpo é o modo como essa força-vida expressa a si mesma exteriormente. Cada termo representa a pessoa como um todo e não apenas uma parte física.

66. Essa mesma atitude de serviço e autodoação é reportada no Evangelho de João, que relata a cena do lava-pés em vez de apresentar o relato da instituição. Ali, Jesus dá o seguinte mandamento: "Se, pois, eu, Mestre e Senhor, vos lavei os pés, também vós deveis lavar os pés uns dos outros. Dei-vos o exemplo para que façais o mesmo que eu vos fiz" (Jo 13,14-15).

cf. tb. SC 48). O texto da Oração Eucarística III expressa isso de uma forma muito bonita.

> Celebrando agora, ó Pai, a memória do vosso Filho, da sua paixão que nos salva, da sua gloriosa ressurreição e da sua ascensão ao céu; e enquanto esperamos a sua nova vinda, nós vos oferecemos em ação de graças este sacrifício de vida e santidade (OM 114).

A expressão "sacrifício de vida" é linguagem típica do Novo Testamento para a vida cristã (p. ex., Rm 12,1). É nesse exato momento que todos nós, na assembleia, completamos aquilo que começamos na apresentação dos dons, quando apresentamos pão e vinho como símbolos que congregam todo nosso trabalho, nossa vida e a nós próprios. Agora oferecemos o dom de nosso testemunho diário e a nossa autodoação de serviço ao mundo, nossa própria vida, como um "sacrifício de vida e santidade", em união com o sacrifício e auto-oferenda de Cristo[67].

Essa oferta de nós mesmos em união com Cristo nem sempre está explicitamente declarada na *anamnesis*, mas geralmente está implicada no que se segue. Diversas orações eucarísticas prosseguem pedindo a Deus que faça de nós um sacrifício vivo, ou que nos aceite junto com o Cristo. Por exemplo, na Oração Eucarística IV, rezamos que "reunidos pelo Espírito Santo num só corpo, nos tornemos em Cristo um sacrifício vivo para o louvor da vossa glória". Na Oração Eucarística sobre Reconciliação II pedimos a Deus humildemente: "aceitai-nos também com vosso Filho".

A essa altura, podemos constatar que a linguagem que fala de oferecer, doar e de dom é muito abundante nas orações eucarísticas. Por exemplo, na Oração Eucarística I rezamos:

> Nós, vossos servos, e também vosso povo santo,
> vos oferecemos, ó Pai,
> dentre os bens que nos destes,
> o sacrifício perfeito e santo,
> pão da vida eterna
> e cálice da salvação (OM 94).

---

[67]. A Oração Eucarística I no *Livro de oração comum* há uma impressionante oração paralela a esta: "E aqui oferecemos e apresentamos a ti, o Senhor, a nós mesmos, nossas almas e corpos, como um sacrifício agradável, santo e vivo a ti..."

E na Oração Eucarística III pedimos:

> Que Ele faça de nós
> uma oferenda perfeita (OM 114).

Nossa esperança é que esses dons, recebidos e dados, possam finalmente ser acolhidos na liturgia celestial, para ser oferecidos ali eternamente na presença de Deus. Assim, na Oração Eucarística I pedimos a Deus:

> Nós vos suplicamos
> que ela seja levada à vossa presença (OM 96).

Em orações como essas, vemos a continuação do "diálogo dos dons" entre Deus e nós, que já expusemos acima. O que oferecemos na apresentação dos dons foi pão e vinho, símbolos que representam a nós mesmos. O que oferecemos agora é a nós mesmos.

Oferecermo-nos a nós mesmos, nossas vidas, como um sacrifício aceitável em união com Cristo, é algo que jamais ousaríamos imaginar que pudéssemos fazer. Mas foi exatamente isso que o Concílio Vaticano II nos ensinou:

> Assim todas as suas obras, preces e iniciativas apostólicas, a vida conjugal e familiar, trabalho cotidiano, descanso do corpo e da alma, se praticados no Espírito, e mesmo os incômodos da vida pacientemente suportados, tornam-se "hóstias espirituais, agradáveis a Deus, por Jesus Cristo" (1Pd 2,5), hóstias que são piedosamente oferecidas ao Pai com a oblação do Senhor na celebração da Eucaristia. Assim também os leigos, como adoradores agindo santamente em toda parte, consagram a Deus o próprio mundo (LG 34).

Essa é a razão por que nos reunimos para oferecer a Cristo nossos trabalhos, nossas vidas e nosso mundo. Esse é realmente um momento elementar na celebração, um momento de elevada significação para estabelecer um elo entre a Eucaristia e nossa vida diária. Vamos retomar esse tema no último capítulo.

Em terceiro lugar, a oração eucarística finda com o grande amém. Ela afirma solenemente essa grande oração de ação de graças, oferecendo os dons e fazendo intercessões. Ela exige de nós também um compromisso. Essa tripla aclamação foca nossa atenção numa palavra dita diversas vezes na liturgia, que geralmente costumamos ignorar. Mas essa é realmente uma palavra que define e resume a totalidade da liturgia. Vamos refletir sobre esse amém com um pouco mais de vagar no capítulo final.

Em resumo

A oração eucarística é o ponto central de toda a celebração eucarística. Nela recordamos com gratidão e louvor todos os feitos grandiosos de Deus. Relembrando esses feitos, defrontamo-nos novamente com seus efeitos salvíficos. O relato da história da salvação culmina na narrativa do relato da instituição. Na narrativa, ouvimos ao mandamento de Jesus para fazer de nossas vidas o que Ele fez com sua própria vida, entregarmo-nos a nós mesmos no serviço aos outros. Na segunda parte da oração, oferecemos a nós mesmos a Deus em união com Cristo como um "sacrifício de vida e santidade", levando à plenitude a apresentação inicial de nós próprios junto com o pão e o vinho depositados no início da celebração na mesa do altar. Depois, pedimos a Deus para que continue com a obra da salvação, para que nos transforme no corpo de Cristo, intercedemos pela Igreja dos vivos e dos falecidos, e estamos prontos para ser enviados em missão para o mundo na conclusão da celebração.

A mistagogia

A preparação do local

A ambientação para esse encontro pode dar destaque ao *Missal Romano*, sendo valorizado na medida em que é exposto ao lado de velas acesas. O *Missal* pode ser aberto na página ilustrada no início das orações eucarísticas. Um gesto que pode ser adequado como parte da abertura da oração seria convidar os participantes a se aproximarem, olhar ou até tocar o *Missal*. Isso também poderia ser feito, se for o caso, durante o encontro ou então na conclusão do passo a passo reflexivo. Na conclusão do encontro pode-se também proclamar a Oração Eucarística III.

Tabela 6A

	Tópico de *slide* para PowerPoint
Título	Ação de graças, oferta dos dons, intercessão
Imagem	Figura de alguém estendendo as mãos sobre dons abençoando-os. Figura de alguém orando ao lado (Catacumba de São Calisto, século III)[68].

Observar a experiência

- Num momento de silêncio, evocar as palavras ou frases que você se recorda sobre as orações eucarísticas.
- Citar em voz alta as palavras ou frases que você mais gosta.
- Convidar as pessoas para repetir essa palavra ou frase e dizer o porquê.
- O que mais o ajuda a entrar na oração eucarística?
- Que atitudes ou respostas evoca a oração?

De quem é a oração?

- De quem é a oração?
- Como aparece nossa participação na oração eucarística; que formas ela assume?

Tabela 6B

Extrair os elementos em detalhes: diálogo do prefácio; uso do plural; aclamações; amém	
Título	Juntando-se à liturgia acima
Imagem	Cordeiro no trono, rodeado de anciãos (liturgia celeste)
Texto 1	℣. Corações ao alto. ℟. O nosso coração está em Deus.

Ação de graças

- O que recordamos na primeira parte da oração?

---

68. Uma imagem pode ser encontrada na Wikipedia [en.wikipedia.org/wiki/Catacombs_of_Rome#mediaviewer/File:Eucharistic_bread.jpg].

Tabela 6C

Temas	Os feitos salvíficos de Deus, culminando no mistério pascal
Título	Recordando e agradecendo
Texto 1	℣. Demos graças ao Senhor, nosso Deus. ℞. É nosso dever e nossa salvação.
Imagem	"Mistério pascal" (Gisele Bauche, atribuído)
Texto	Por tudo que [amostra de *layout* de texto ao lado da imagem] Deus fez na criação e na salvação, e especialmente na vida, morte e ressurreição de Jesus e no envio do Espírito Santo.

- O que significam as palavras de Jesus no relato da última ceia?

Tabela 6D

Temas	Corpo, sangue = si-mesmo "Fazei isto" = doar a si mesmo "Lavai os pés uns dos outros" = doar a si mesmo em serviço
Título	"Fazei isto em memória de mim"
Texto	"Esse é o meu corpo, entregue por vós"
Imagens	"Este é o meu sangue, derramado por vós"
Imagens	Pinturas correspondentes de Giotto: Última ceia e lava-pés
Texto	Dois mandamentos

Oferenda dos dons e intercessão

- O que oferecemos na segunda parte da oração? Para que rezamos?

Tabela 6E

Temas	Oferenda de um sacrifício de vida e santidade oferenda de si mesmo e diálogo de aceitação dos dons
Título	Oferenda dos dons
Texto 2	"Celebrando agora, ó Pai, a memória do vosso Filho, da sua paixão que nos salva... nós vos oferecemos em ação de graças este sacrifício de vida e santidade". [sublinhar "nós vos oferecemos" e "este sacrifício de vida e santidade"]

Texto 3	"Que Ele faça de nós uma oferenda perfeita..." (Oração Eucarística III) [sublinhe as quatro últimas palavras]
Título	**Um momento elementar!**
Texto 4	IGMR 79s. [inserir o texto completo, depois sublinhar as frases:] "Oferecem a hóstia imaculada" "Aprendam a oferecer-se a si próprios..." (IGMR 79s.)
Título	Oferenda da liturgia da vida
Texto	Nossa vida, morte e ressurreição diária
Imagem	Cruz de madeira pintada com cenas da vida cotidiana[69]
Texto	Ofertada agora com Cristo
Título	Pedindo que sejamos aceitos
Imagem	Figura de oferenda com orante (São Calisto) [mesmos tópicos do *slide* acima]
Texto 5	Oração Eucarística sobre a Reconciliação II: "Nós vos pedimos, ó Pai, aceitai-nos também com vosso Filho..." [sublinhar "aceitai-nos também com vosso Filho"]
Título	Oferecendo nossas vidas e nosso mundo
Imagem	Figura de oferenda com orante [como acima]
Texto 6	"[As alegrias e tristezas] são piedosamente oferecidas ao Pai com a oblação do Senhor na celebração da Eucaristia. Assim também os leigos, como adoradores agindo santamente em toda parte, consagram a Deus o próprio mundo" (LG 34). [sublinhar a última parte, começando com "como adoradores..."]
Título	Aceita nossa oferta
Texto 7	"Nós vos suplicamos que [a oferenda] seja levada à vossa presença..." (Oração Eucarística I)
Imagem	Anjo niké[70] no mosaico do assoalho do salão catecumenal [se disponível] ou figura de oferenda com orante [como acima]
Título	Ser um sacrifício vivo com Cristo
Imagem	Figura de oferenda com orante [como acima]
Texto 8	"Concedei aos que vamos participar do mesmo pão e do mesmo cálice que, reunidos pelo Espírito Santo num só corpo, nos tornemos em Cristo um sacrifício vivo" (Oração Eucarística IV). [sublinhar "em Cristo um sacrifício vivo"]

---

69. P. ex.: pics.novica.com/pictures/27/p182069_2a_400.jpg – Existem muitos outros exemplos na web.

70. Anjo da vitória, reminiscência da escultura grega antiga. Estátua de uma mulher alada, *Vitória da Samotrácia*, adaptada para painel sobre a Eucaristia em mosaico de chão, no salão catecumenal de Aquileia (312-320). Retratado sem espada no mosaico, o anjo da vitória tem a seu lado um cesto de pão e um cálice de vinho, parcialmente destruído.

Temas	Oferenda de um sacrifício de vida e santidade
	oferenda de si mesmo e diálogo de aceitação dos dons
Imagem	Figura de oferenda com orante [como acima, em tamanho reduzido]
Texto 9	"Nós... vos oferecemos, ó Pai, dentre os bens que nos destes [...] o pão da vida eterna e o cálice da salvação" (Oração Eucarística I)
Texto 10	Oração sobre as oferendas, vigésimo domingo do tempo comum [inserir o texto completo, sublinhando desde "oferecendo..." até o final]

- Para que/por quem intercedemos?
- A que proclamamos o grande amém?

Recapitulação

Tabela 6F

Temas	Ação de graças pelos feitos salvíficos de Deus
	Recordar os dois mandamentos de Jesus da última ceia
	Oferecer o dom de si mesmo com Cristo
	Fazer intercessões
Título	Agradecimento, oferendas, intercessões
Imagem	Figura com orante [como acima, ampla]
Texto	Catacumba de São Calisto, século III [imagem abaixo]

Textos

1) Diálogo do prefácio

℣. Corações ao alto.
℟. O nosso coração está em Deus.
℣. Demos graças ao Senhor, nosso Deus.
℟. É nosso dever e nossa salvação (OM 27).

2) Oração Eucarística III

Celebrando agora, ó Pai, a memória do vosso Filho, da sua paixão que nos salva, [...] nós vos oferecemos em ação de graças este sacrifício de vida e santidade (OM 114).

3) Oração Eucarística III

Que Ele faça de nós uma oferenda perfeita... (OM 114).

4) IGMR 79s. (tb. SC 48)

A oblação, pela qual a Igreja, em particular a assembleia atualmente reunida, realizando esta memória, oferece ao Pai, no Espírito Santo, a hóstia imaculada; ela deseja, porém, que os fiéis não apenas ofereçam a hóstia imaculada, mas aprendam a oferecer-se a si próprios, e se aperfeiçoem, cada vez mais, pela mediação do Cristo, na união com Deus e com o próximo, para que finalmente Deus seja tudo em todos.

5) Oração Eucarística sobre a Reconciliação II

Nós vos pedimos, ó Pai,
aceitai-nos também com vosso filho... (OM, Apêndice 8).

6) Lumen Gentium

[As alegrias e tristezas] são piedosamente oferecidas ao Pai com a oblação do Senhor na celebração da Eucaristia. Assim também os leigos, como adoradores agindo santamente em toda parte, consagram a Deus o próprio mundo (LG 34).

7) Oração Eucarística I

Nós vos suplicamos
que [a oferenda] seja levada
à vossa presença... (OM 96).

8) Oração Eucarística IV

Concedei aos que vamos participar
do mesmo pão e do mesmo cálice
que, reunidos pelo Espírito Santo num só corpo,
nos tornemos em Cristo um sacrifício vivo
para o louvor da vossa glória (OM 123).

9) Oração Eucarística I

Nós, vossos servos,
e também vosso povo santo,
vos oferecemos, ó Pai,
dentre os bens que nos destes,
o sacrifício perfeito e santo,
pão da vida eterna
e cálice da salvação (OM 94).

10) Oração sobre as oferendas

    Acolhei, ó Deus, estas nossas oferendas,
    pelas quais entramos em comunhão convosco,
    oferecendo-vos o que nos destes,
    e recebendo-vos em nós.
    Por Cristo, nosso Senhor (Vigésimo domingo do tempo comum, MR).

Referências para reflexão

BERNARDIN, J. *Guide for the Assembly*. Chicago: Liturgy Training, 1997, p. 16-18.

BERNSTEIN, E. (org.). *Liturgical Gestures Words Objects*. Notre Dame: Notre Dame Center for Pastoral Liturgy, 1995.

HUDOCK, B. *The Eucharistic Prayer*: A User's Guide. Collegeville: Liturgical Press, 2010.

MAHONY, R. *Gather Faithfully Together*: Guide for Sunday Mass. Chicago: Liturgy Training, 1997, p. 20-25.

RAMSHAW, G. *Words around the Table*. Chicago: Liturgy Training, 1991.

7
Partir o pão e repartir pão e vinho

Introdução

O rito da comunhão compõe a terceira parte da liturgia eucarística. Ela é composta pelos seguintes elementos rituais:

- oração do Senhor com seu embolismo (Livrai-nos, Senhor...);
- oração pela paz e sinal de paz;
- fração do pão com aclamação (Cordeiro de Deus);
- receber a comunhão;
- oração após a comunhão.

A mistagogia para esse encontro centra-se brevemente na oração do Senhor e depois, com mais detalhes, aborda as ações rituais do sinal de paz, a fração do pão e a recepção da comunhão. Depois, queremos revisitar o diálogo dos dons sobre o que refletimos no capítulo 5.

Instruções de suporte

O rito da comunhão leva à plenitude, completa a liturgia eucarística. O centro do rito da comunhão consiste nos ritos de preparação para a recepção da comunhão. Os ritos preparatórios caracterizam a oração do Senhor, o sinal da paz e o partir o pão. A recepção da comunhão atualiza o significado interno do rito da comunhão, a saber, aquele em que o fiel recebe o corpo e sangue do Senhor como alimento e bebida espirituais (IGMR 80).

O que é que as ações rituais perfazem durante o rito da comunhão? A principal ação ritual é a procissão da comunhão; ela está inserida dentro de outras ações. Todos ficam em pé durante o convite para a comunhão. O presidente da celebração adota o gesto do *orante* para a oração do Senhor e o embolismo (extensão da oração do Senhor), e cada vez mais esse gesto tem sido imitado pelos membros da assembleia. Depois eles trocam entre si o sinal da paz. O presidente da celebração parte o pão enquanto se canta a aclamação do cordeiro de Deus. Membros da assembleia ajoelham-se ante o convite da comunhão, se aproximam da mesa do altar em procissão para receber a comunhão, e, após recebê-la, ajoelham-se em silêncio reflexivo. Após a comunhão, todos se colocam em pé para a oração. Essas são as ações externas. Mas qual é o significado interno daquilo que fazemos?

Oração do Senhor

Cada um dos elementos do rito da comunhão expressa uma faceta de seu significado. A oração do Senhor (Lc 11,2-4) começa assim: "Pai, santificado seja o vosso nome". Isso reverbera e recapitula o louvor e a gratidão que oferecemos na primeira parte da oração eucarística quando recordávamos tudo que Deus fizera por nós. A palavra "santificar", que vem do latim *"sanctificare"*, significa "tornar santo". Deus já é santo, e então o verbo "santificar" toma outro sentido nesse contexto. "Santificar" pode significar também "tratar como santo, considerar sagrado, venerar". Em seu contexto bíblico, a palavra "nome" representa Deus. Na linha de abertura da oração, pedimos a Deus, que salva, que Ele possa ser venerado.

Seguem-se diversos pedidos que reverberam a segunda parte da oração eucarística, na qual imploramos a Deus para que continue a operar a obra da salvação. A primeira petição é a que tem mais extensão e mais abrange o plano salvífico de Deus. "Venha a nós o vosso reino". Dentre as petições que vêm a seguir, três delas são mais pertinentes para o rito da comunhão. "O pão nosso de cada dia nos dai hoje". No original grego, a palavra que usualmente se traduz como "de cada dia" é *epiousion*. Ela só aparece duas vezes no Novo Testamento (Lc 11,3 e Mt 6,11). *Epiousion* é uma palavra criada, que não consta previamente na língua grega. Os comentadores não têm certeza sobre o que ela significa. Há alguns que pensam que seu significado é "suficiente para cada dia"[71]. São Jerônimo traduz assim, em vez de pão "supersubstancial", pão diário não ordinário. Eugene La Verdiere pensa que isso poderia simplesmente significar "nosso pão *epiousion* especial"[72]. Ele sugere que deve ter sido simplesmente um modo de o cristianismo primitivo se referir à Eucaristia, antes que se tornasse usual empregar outros nomes como "Ceia do Senhor" e "Fração do Pão"[73]. A petição seguinte refere-se a uma atitude de perdão e de reconciliação que deve marcar a unidade simbolizada pela partilha na mesa do Senhor. "Perdoai-nos as nossas ofensas, assim como nós perdoamos a quem nos tem ofendido"[74] é uma frase que tem implicações éticas. Mais tarde Paulo irá acrescentar uma razão poderosa a essa palavra do Senhor: "Suportai-vos uns aos outros e perdoai-vos mutuamente toda vez que tiverdes queixa contra alguém. Como o Senhor vos perdoou, assim perdoai também vós" (Cl 3,13). Jesus também instruiu seus discípulos para que deixassem sua oferenda no altar e primeiro ir reconciliar-se com seu irmão ou irmã, que tenha algo contra ele (Mt 5,23-24).

Sinal de paz

A oferenda do sinal de paz segue a oração para a paz e a unidade. O dom da paz, de qualquer modo, não é pensado internamente, apenas para a Igreja. A *Instrução Geral* afirma: "Segue-se o rito da paz, no qual a Igreja implora a paz e a unidade para si própria e para toda a família humana, e os fiéis exprimem entre si a comunhão eclesial e a mútua caridade, antes de comungar do Sacramento" (IGMR 82).

Note-se de maneira especial a primeira parte dessa frase. O dom da paz de Cristo não é pensado para ser um dom que reservamos apenas para nós próprios. *Shalom* é um conceito que está no coração da missão da Igreja. Essa missão começa sempre com a proposição da paz. Quando Jesus enviou

---

71. É o que sugere a tradução que usamos atualmente na missa.
72. É bem provável que isso se refira à frase de Jesus no discurso sobre o pão da vida (Jo 6), "pão do céu", que por seu lado evoca a memória do maná do deserto, o pão especial enviado do céu por Deus durante o êxodo.
73. Para uma visão de conjunto desse pensamento, cf. LAVERDIERE, E. *The Eucharist in the New Testament and the Early Church*. Collegeville: Liturgical Press/A Pueblo Book, 1996, p. 8-10. Observe-se que os últimos dois verbos se referem a toda a refeição. Partir e repartir o pão refere-se à ação ritual que se realizava no começo das refeições judaicas.
74. De maneira parecida em Lc 6,37: "Perdoai e sereis perdoados".

os setenta e dois discípulos em missão, Ele os instruiu sobre como deveriam proclamar o Reino de Deus: "Em qualquer casa em que entrardes, desejai em primeiro lugar 'paz a esta casa!'" (Lc 10,5). É a mesma mensagem que comunicavam os anjos quando anunciavam aos pastores o nascimento do salvador (Lc 2,14). Em tempos bíblicos, a palavra "paz", *shalom*, significava mais do que significa hoje. *Shalom* refere-se não a uma mera ausência de lutas, a uma pausa entre guerras, mas significa um tempo que promove ativamente a plena consecução de tudo aquilo que nós seres humanos somos capazes de ser. Essa paz que não só busca evitar a violência e os conflitos, mas que valoriza também nossas diferenças e incentiva cada um para que busque um desenvolvimento pleno, é algo muito necessário em nossa vizinhança, nossos bairros e cidades, no Oriente Médio e numa infinidade de outros lugares do mundo de hoje. O aperto de mão como sinal de paz, realizado pela assembleia, é um pequeno abraço, feito com as mãos; é uma afirmação representativa que diz que "a Igreja suplica pela paz e unidade para si mesma e para toda a família humana"[75].

Partir o pão, pão partido

O partir a pequena hóstia por parte do sacerdote, quase que escondido da visão de toda a assembleia, parece um gesto simbólico por demais diminuto para ter um significado tão grande em nossas vidas. Mas, ao contrário, há ali um nível de significado muito profundo nesse partir e repartir o pão. Basta que tomemos tempo para refletir sobre o que fazemos e como fazemos esse gesto do ponto de vista da liturgia. No capítulo 5 vimos que o pão é feito de grãos tirados da terra, transformados em alimento para o sustento humano. É um produto humano feito para o consumo humano, nosso alimento diário e nosso sustentáculo vital. É igualmente uma forma pela qual estabelecemos uma ligação humana e uma autodoação diária. Imagine um

---

75. Alguns anos atrás, quando eu preparava uma apresentação de PowerPoint para a mistagogia da Eucaristia, acabei encontrando uma figura muito interessante na web. Mostrava duas mãos estendidas num gesto de troca de um ramo de oliveira. Não havia qualquer outro detalhe sobre essa imagem, mas os congressistas e os estudantes que participavam do *workshop* ao verem essa imagem imediatamente perceberam seu significado. Um braço estava vestido com uma camisa de manga curta portando um relógio; o outro tinha manga longa, com um punho belamente decorado em estilo oriental. A sala sem mobília em que ocorria essa permuta, apesar de não ser identificada, parecia retratar uma sala do Cenáculo em Jerusalém. Imediatamente as pessoas perceberam ali um gesto de proposição de paz sendo oferecido nas terras devastadas da Bíblia. Infelizmente não consegui mais encontrar essa imagem na internet.

pão bem tostado e fresquinho, recém-tirado do forno, ali em cima da mesa diante de você[76]. Fica difícil de resistir. Imagina-se que há uma atração mágica entre nós e o pão, puxando o pão para junto de nosso corpo para nos nutrir e alegrar. Tomar nosso pão diário e parti-lo e reparti-lo, distribuindo-o aos outros para que comam, significa também partir e repartir a atração entre nosso corpo e o pão que nós sentimos instintivamente pelo pão. "Por favor, aceite um pedaço de pão", dizemos ao oferecê-lo aos outros. O que estamos dizendo realmente é que estamos dispostos a abdicar de nosso próprio alimento, colocando nossa vida como sustento para a vida de outras pessoas. Em sua forma mais simples, isso é um gesto de doação humana, um gesto de autossacrifício. Vida doada por causa de vida. É o gesto mais básico de amor humano e de cuidado pelo outro. É o que fazem os pais quando primeiro alimentam seus filhos.

É isso também o que faz o Cristo. No partir o pão da Eucaristia, temos o pão para a vida do mundo. Vida doada por e para a vida de outro – isso é o coração do sacrifício de Cristo, expresso e corporificado no gesto simples de partir e repartir o pão da Eucaristia. O que fez o Cristo, nós também devemos fazê-lo. E assim nos aproximamos da mesa para receber o corpo de Cristo e tornar-nos o corpo de Cristo, e, como Ele, ser pão para a vida do mundo.

Pão e justiça

Mas não é apenas o alimento espiritual que somos chamados a prover para os outros. Retornemos por um momento para refletir sobre o significado do pão em nível humano. Os antropólogos nos dizem que a expressão *partilhar da mesa* representa uma linguagem. É uma das linguagens mais elementares usada pelas pessoas mundo afora. Ela comunica aos que estão partilhando da mesa que eles são um por causa da partilha do mesmo alimento, um mesmo pão[77]. Mas a inclusão dessas pessoas à mesa da partilha é apenas uma parte da comunhão. Os antropólogos nos dizem também que, na realidade, ali se dá simultaneamente uma exclusão daqueles que não estão à mesa, não importa se esse gesto é involuntário ou intencional. Infelizmente

---

76. BARBOTIN, E. *The Humanity of Man*. Maryknoll: Orbis, 1975.
77. Paulo anunciara esse mesmo princípio em 1Cor 10,17: "Uma vez que há um só pão, nós formamos um só corpo, embora sejamos muitos, pois todos participamos do mesmo pão".

o último caso é o mais comum. O alimento pode ser repartido. Não são apenas crianças que lutam por alimento em torno da cantina escolar. Também nós, adultos, usamos o alimento como uma arma, negando aos outros esse alimento pelo embargo econômico ou por uma distribuição e consumo não equitativos. O poeta chileno Pablo Neruda cunhou essa realidade com termos bem fortes no poema intitulado "El gran mantel" (A grande toalha de mesa). Ele descreve uma festa suntuosa num festival descendo uma viela por entre um campo de trigo, e em contraste com isso a experiência de um pobre trabalhador desse campo de trigo. As seguintes linhas áridas retratam a experiência do camponês:

> Sua pequena ração de pão
> o camponês a comeu no campo,
> ele estava só e era tarde,
> estava rodeado pelo trigal,
> mas não tinha mais pão;
> comeu-o com dentes duros,
> olhando para ele com olhar sombrio.
> [...]
> Comer sozinho é muito amargo,
> mas não comer é algo bem pior,
> é vazio, é verde, tem espinhos
> como uma corrente de anzóis
> que se arrasta desde o coração
> e te dilacera as entranhas.
>
> A fome se parece com torqueses,
> é igual à mordida de caranguejos,
> queima, queima e não tem fogo:
> A fome é um fogo frio.
> Vamos sentar-nos para comer
> com todos os que não comeram;
> vamos estender grandes toalhas de mesa,
> colocar sal nos lagos do mundo
> instalar padarias planetárias,
> mesas cobertas de morangos na neve,
> e um prato do tamanho da lua,
> para todos podermos almoçar.
> Por ora, não peço outra coisa
> senão a justiça do comer[78].

---

78. Excertos de: NERUDA, P. *Extravagaria*. Nova York: Farrar/Straus/Giroux, 1974, p. 45-47.

Não podemos separar a festa da Eucaristia daquele outro tipo de refeição humana. É uma questão de justiça, a "justiça do comer". As palavras de Jesus na Parábola do Juízo Final nos proíbem fazer essa separação. É muito claro um dos critérios para quem quer ou não quer herdar o Reino dos Céus. "Eu estava com fome e vocês me deram de comer [...] eu estava com fome e vocês não me deram de comer..." (Mt 25,35.42). Seguindo o mandamento do Senhor sobre amar os inimigos, Paulo escreve de maneira bem direta: "se teu inimigo estiver com fome, dá-lhe de comer" (Rm 12,20). Já há muito tempo que a tradição católica conta o alimentar os famintos entre as obras físicas de misericórdia. Há uma vertente da teologia francesa que insiste na tese de que a recepção da Eucaristia nos deve convocar para o arrependimento de nossa atitude de excluir outros seres humanos da partilha do pão de cada dia. O Cardeal Bernardin chama nossa hóstia não fermentada como o "pão dos pobres"; ou seja, o "pão da fome". Isso pode servir para nos recordar não apenas de que precisamos sempre de novo do alimento da Eucaristia, mas também de nossa responsabilidade além da missa, para cuidarmos também da "justiça do comer" que devemos àqueles que têm fome e não têm pão para comer. Vir em auxílio dos outros que passam necessidade, ser "bons samaritanos", é um elemento básico de nossa missão de discípulos.

Nós devemos repetir o que fez o Cristo. E, assim, nos aproximamos da mesa da Eucaristia para receber o corpo de Cristo e tornar-nos nós mesmos em corpo de Cristo, e, igual a Ele, tornar-nos pão para a vida do mundo. Nossa aproximação à mesa toma a forma de uma procissão, acompanhada por cânticos. Diferentemente da procissão de entrada, onde marchavam apenas "uns poucos representantes", todos somos convidados para marchar nessa procissão. É "jornada destilada" a jornada de uma vida para chegar junto à mesa e receber o pão para a viagem. Para nós, a jornada começou com os sacramentos de iniciação e alcançou sua plenitude ao recebermos nossa primeira santa comunhão. A jornada irá alcançar seu ponto culminante na portaria da eternidade, quando recebemos a Sagrada Comunhão que chamamos de *viaticum*, literalmente, alimento para a jornada, que vai da vida terrestre até a vida eterna. Cada vez que recebemos a comunhão em nossa jornada terrena para esse último dia deverá conter tanto uma leve lembrança de nossa primeira comunhão quanto uma antecipação velada de nossa recepção do *viaticum*, antes da morte. Viemos para receber o corpo de Cristo, para que nos tornemos o corpo de Cristo, para que Ele esteja conosco e caminhe conosco pelo caminho.

Comunhão

O ato de receber o Cristo na comunhão é o mais perfeito símbolo de nossa participação na Eucaristia[79]. Mas é também um simples gesto. Nós estendemos nossas mãos, como a mistagogia do século IV instrui o neobatizado, para fazer delas um trono para receber o rei. O ministro da Eucaristia oferece a hóstia, dizendo: "O corpo de Cristo". Nós respondemos: "Amém". "Corpo de Cristo" é uma expressão que tem duas referências na Primeira Epístola de Paulo aos Coríntios:

> O cálice de bênção que abençoamos não é a comunhão com o sangue de Cristo? E o pão que partimos não é a comunhão com o corpo de Cristo? Uma vez que há um só pão, nós, embora muitos, formamos um só corpo, pois participamos todos do mesmo pão (1Cor 10,16s.).

> Porque eu recebi do Senhor o que vos transmiti: O Senhor Jesus, na noite em que foi entregue, tomou o pão e, depois de dar graças, partiu-o e disse: "Isto é o meu corpo, que se dá por vós; fazei isto em memória de mim" (1Cor 11,23-24).

A primeira passagem refere-se ao corpo de Cristo que é a Igreja, a segunda refere-se a seu corpo doado no sacramento da Eucaristia.

De acordo com o pensar de São Paulo (1Cor 10–11), Santo Agostinho nos recorda que dizemos um duplo "amém". Dizemos amém tanto ao corpo de Cristo doado a nós no sacramento quanto ao corpo de Cristo que é a Igreja[80]. Ao dizer esse "amém" para aquele que é o pão da vida, nós próprios nos comprometemos a ser e viver como o corpo de Cristo no mundo, a ser pão para os outros, dentro da Igreja e além dela. O pensamento de Agostinho se enquadra de maneira muito bonita na oração que rezamos após a comunhão na sua festa:

> Santificai-nos, ó Deus,
> pela participação na mesa do Cristo,

---

79. IGMR 13 afirma que todos na assembleia podem receber a comunhão em todas as missas.
80. Cf. AGOSTINHO. Sermão 272.

a fim de que, membros do vosso Corpo,
sejamos transformados naquele que recebemos[81].

Vamos continuar a examinar o tema do ser pão para os outros no próximo capítulo, ao sermos enviados em missão, e no capítulo final, quando vamos revisitar o "amém" que dizemos durante a missa.

A mesa e os cálices

Há dois poemas reflexivos sobre mesa e cálices que nos podem ajudar a saborear o sentido interno do rito da comunhão.

Mesa do altar
Mesa do banquete
mesa do Senhor
mesa do povo do Senhor
aberta a todos, pronta para todos
judeus/gregos
escravos/livres
varões/mulheres
Vinde, assentai-vos "à mesa de boas-vindas"
liberdade para todos se assentarem
sem reserva de assentos
sem parcialidade
sem discriminação.
"Todos vós sois um em Cristo"[82].

Cálice e patena
Cálice e patena
formados desde o coração da terra,
forjados pelo fogo,
moldados,
feitos no perfil do sacramento.
Criaturas da terra
erguendo-se até alcançar
a divindade sublime.

---

81. Oração após a comunhão no *Missal Romano*, para 28 de agosto, Festa de Santo Agostinho.
82. STOREY, W.G. "Altar Table". In: LWGO, 51.

Vasos humanos, recheados
com pão partido;
vinho vertido
Cristo junto de seu povo[83].

Comunhão sob as duas espécies

Há uma última questão que se sugere na junção do "pão partido" e do "vinho vertido" da reflexão poética supra. Por que é importante receber a comunhão sob as duas espécies? Na última ceia Jesus convidou seus discípulos para comer e beber. A *Instrução Geral* nos fornece essa reflexão adicional: "A Comunhão realiza mais plenamente o seu aspecto de sinal, quando sob as duas espécies. Sob esta forma se manifesta mais perfeitamente o sinal do banquete eucarístico e se exprime de modo mais claro a vontade divina de realizar a nova e eterna Aliança no Sangue do Senhor, assim como a relação entre o banquete eucarístico e o banquete escatológico no reino do Pai" (IGMR 281).

Diálogo do dom II

O diálogo litúrgico dos dons alcança seu ponto culminante no ato da comunhão. Em resposta ao dom divino da criação e nosso chamado para sermos "cooperadores" de Deus na criação, trazemos nosso trabalho, nossas vidas, e nosso mundo conosco para a assembleia no começo da celebração. Depois, nós os trouxemos para a mesa do altar na apresentação dos dons, colocando-os no altar espiritualmente e dedicando-os como oferendas. Na oração eucarística, celebramos o memorial dos dons salvíficos de Deus para nós, na vida, morte e ressurreição de Cristo. Depois, em resposta oferecemos a Deus os dons de nós mesmos como um "sacrifício de vida e santidade", em união com o sacrifício de Cristo. O diálogo litúrgico dos dons entre Deus e nós alcança seu ponto culminante e é selado no ato de comunhão, no qual "cada um doa a si mesmo ao outro"[84]. E assim, na oração após a comunhão, na Quinta-feira da Oitava da Páscoa, nós rezamos assim:

---
83. MARTIN, E. "Cup & Plate". In: LGWO, 53.
84. MILLER. "Presentation of gifts", 36.

> Ouvi, ó Deus, as nossas preces,
> para que este convívio redentor
> nos seja um auxílio na vida presente
> e penhor da eterna alegria.
> Por Cristo, nosso Senhor.

De qualquer modo, esse convívio e permuta santa do receber e do doar não foi pensado para findar no rito da comunhão. Ele deve se estender para nossa vida diária e expandir-se para fora para alcançar aqueles que estão ao nosso redor. O exemplo provindo da Igreja primitiva é muito instrutivo para isso. São Justino, mártir, nos relata que a coleta feita após a comunhão era usada para ajudar as viúvas, os órfãos, os presos, os estrangeiros e todos que passassem necessidades[85]. Uma memória distante dessa prática primitiva pode ser vista ainda na nossa orientação corrente para a celebração da Ceia do Senhor na Quinta-feira Santa. Quando se dá a coleta, a rubrica nos conta que isso deve ser usado em prol daqueles que passam necessidades[86]. Não é pensada para auxiliar e dar suporte à comunidade local, como acontece nos demais domingos do ano. O diálogo dos dons não poderá ser um círculo fechado; deve estender-se para fora, para além da celebração. Se tomarmos como exemplo a coleta feita após a comunhão do tempo de São Justino, essa conexão fica clara como cristal. A própria assembleia é remetida da comunhão para suas vidas, para o amor a ser repartido e o serviço em prol do mundo. Tendo recebido os dons de Deus e de sua autodoação, devemos doar a nós mesmos aos outros.

A mistagogia

A preparação do local

A ambientação para esse encontro poderia apresentar um pão e uma jarra de vinho tinto, portanto, um cálice e um prato de cerâmica, arranjados artisticamente, ladeados por velas acesas. Convidando os participantes para partir e repartir o pão, assim como um pouco de vinho, poderia ser uma maneira muito apropriada para concluir a encenação reflexiva.

---

85. JUSTINO. *Apologia* I, 67 (c. 150); o texto completo é citado no interlúdio após o capítulo 3.
86. OM 9, Quinta-feira Santa, na celebração da Ceia do Senhor.

Tabela 7A

	Tópico de *slide* para PowerPoint
Título	Partir o pão e repartir o pão e o vinho
Imagens	Um pão e uma taça de vinho tinto

Observar a experiência

- O que fazemos como parte do rito de comunhão?

Tabela 7B

Extrair os elementos em detalhes

- Num instante de silêncio, recordar e reviver essas coisas.
- Citar em voz alta os elementos de que você mais gosta no rito da comunhão.
- Quais são os elementos que mais lhe ajudam a entrar nesse rito? Por quê?

Ações e símbolos rituais

Oração do Senhor

- Quais as frases da oração do Senhor de que você mais gosta? Por quê?

Tabela 7C

Tema	Oração do Senhor: louvor e intercessões
Título	Oração do Senhor: Louvor
Imagem	Jesus ensinando (vitral) ou orando (vitral)
Texto	"Santificado seja o vosso nome"
Título	Oração do Senhor: intercessões
Imagem	Jesus ensinando (vitral) ou orando (vitral)
Textos	"Venha a nós o vosso reino" [acrescentar e comentar uma por uma:] "O pão nosso de cada dia nos dai hoje" "Perdoai-nos as nossas ofensas"

- Por que é chamada de a oração cristã?
- Qual a conexão que existe ali entre a oração do Senhor e a comunhão?

Sinal de paz
- Como é o sinal de paz que acontece nessa comunidade?
- O que significa esse gesto físico (aperto de mão, inclinação, abraço) na vida do dia a dia?
- O que poderia significar esse sinal nessa altura da missa?
- O que imaginamos ser a paz em nosso mundo?
- Qual o significado do sinal de paz que trocamos durante a missa?
- A quem devemos estender esse sinal de paz?

Tabela 7D

Temas	Significado da paz/*shalom*; significado do sinal de paz oferecer a paz, como primeiro gesto de missão [72 discípulos]
Título	Sinal de paz
Imagem	Aperto de mão da paz (*close*) ou uma inclinação mútua
Texto 1	"A Igreja implora a paz e a unidade para si mesma e para toda a família humana" (IGMR 82).

Partir o pão
- O que significa partir/repartir o pão com nossa família e com nossos amigos?

Tabela 7E

Temas	Significado de repartir o pão com família, amigos Repartir os alimentos como linguagem Barbotin: Deixar de lado a própria vida por causa da vida de outro (= sacrifício)
Título	Partir o pão
Imagens	Família à mesa (comunidade local?) partindo o pão nas mãos de outra pessoa (*close*)
Texto	Deixar de lado a própria vida por causa da vida de outro

- Qual é o simbolismo do presidente da celebração que parte a hóstia durante a missa?

Tabela 7F

Temas	Jesus: pão partido e doado "pela vida do mundo" "um só corpo porque comemos do mesmo pão"
Título	Partir o pão
Imagem	Partir uma peça de pão (*close*)
Texto	"Ele partiu o pão e o deu a eles."

- O que o partir o pão durante a missa nos diz a respeito da fome no mundo e da justiça?

Tabela 7G

Temas	Alimentando a fome das multidões (seis relatos nas Escrituras!) O exemplo de Jesus de refeições inclusivas Neruda: "A grande toalha de mesa"
Título	Expressão de unidade
Texto 2	"Uma vez que há um só pão, nós, embora muitos, formamos um só corpo, pois participamos todos do mesmo pão." (1Cor 10,17)
Texto	Às vezes usado para excluir
Texto 3	"A grande toalha de mesa" de Neruda [ler e inserir a linha final:] "Por ora, não peço outra coisa senão a justiça do comer."
Texto	Chamado ao arrependimento
Título	Expressão de inclusão
Imagem	Visão do altar por trás da assembleia (comunidade local)
Texto 4	"Mesa do altar" [ler todo o poema, depois ler as frases individualmente] "liberdade para todos se assentarem sem reserva de assentos sem parcialidade sem discriminação"
Título	Expressão de serviço
Imagem	Multiplicação dos pães (afresco, Catacumba de Priscila)
Texto	"Dai-lhe algo para comer".
Texto	"Este homem acolhe os pecadores e come com eles." (Lc 15,1-2)
Título	Expressão de autossacrifício
Imagem	*Close* do momento em que se parte a hóstia
Texto 5	"O pão que eu darei para a vida do mundo é minha carne." (Jo 6,51)

Recepção da comunhão
- O que significa a procissão da comunhão?

Tabela 7H

Temas	Pão para a jornada entre a primeira comunhão e o viático.
Título	Procissão
Imagem	Procissão da comunhão (comunidade local)
Texto	Receber o pão para a jornada
Texto	"Jornada destilada"

- Como mostramos reverência? A que dizemos "amém" quando recebemos a comunhão?

Tabela 7I

Temas	Mostrar reverência Dois significados de "Corpo de Cristo. Amém" (1Cor 10–11)
Título	Mostrar reverência
Imagem	Mãos estendidas do comungante (*close*)
Texto 6	"Estendei vossas mãos, fazendo com que a mão esquerda se torne o trono para a direita, que recebe o rei". (Instrução do século IV para os recém-batizados)
Título	Dizer "amém"
Imagem	Hóstia oferecida ao comungante (*close*, comunidade local)
Texto 7	"O corpo de Cristo". "Amém".
Título	Um "amém" duplo
Texto 8	Agostinho, Sermão 272 (Inserir o texto, mencionar fonte)
Título	Um só corpo, alimentado por seu Corpo.
Texto 9	"Concedei que... nos tornemos em Cristo um só corpo e um só espírito" (Oração Eucarística III).

- Qual o significado de receber a comunhão sob as duas espécies?

Tabela 7J

Temas	Mandamento do Senhor para comer e beber "a comunhão realiza mais plenamente o seu aspecto de sinal" (IGMR 281).
Título	Receber
Imagem	Cálice e patena de cerâmica
Texto 10	Poema do cálice e da patena (ler)

- Por que cantamos hinos durante a recepção da comunhão?
- Por que há um tempo de silêncio após a comunhão?

Tabela 7K

Temas	"louvam e rezam a Deus no íntimo do coração" (IGMR 45).
Título	Comunhão com Cristo
Imagem	Pessoas ajoelhadas em silêncio (comunidade local)
Texto	"Eu estarei sempre convosco" (Mt 28,20).

Recapitulação

Tabela 7L

Temas	Partir o pão Procissão da comunhão "O corpo de Cristo. Amém" Diálogo dos dons
Texto 11	Oração após a comunhão (inserir o texto completo, depois sublinhar "convívio redentor"]
Título	Continua o diálogo dos dons
Título	Partir o pão, repartir o pão e o vinho
Imagens	Diversas imagens repetidas, extraídas do que foi exposto acima

Textos

1) IGMR 82

A Igreja implora a paz e a unidade para si mesma e para toda a família humana...

2) 1Cor 10,16-17

> O cálice de bênção que abençoamos não é a comunhão com o sangue de Cristo? E o pão que partimos não é a comunhão com o corpo de Cristo? Uma vez que há um só pão, nós, embora muitos, formamos um só corpo, pois participamos todos do mesmo pão.

3) A grande toalha de mesa

> Sua pequena ração de pão
> o camponês a comeu no campo,
> ele estava só e era tarde,
> estava rodeado pelo trigal,
> mas não tinha mais pão;
> comeu-o com dentes duros,
> olhando para ele com olhar sombrio.
> [...]
> Comer sozinho é muito amargo,
> mas não comer é algo bem pior,
> é vazio, é verde, tem espinhos
> como uma corrente de anzóis
> que se arrasta desde o coração
> e te dilacera as entranhas.
>
> A fome se parece com torqueses,
> é igual à mordida de caranguejos,
> queima, queima e não tem fogo:
> A fome é um fogo frio.
> Vamos sentar-nos para comer
> com todos os que não comeram;
> vamos estender grandes toalhas de mesa,
> colocar sal nos lagos do mundo
> instalar padarias planetárias,
> mesas cobertas de morangos na neve,
> e um prato do tamanho da lua,
> para todos podermos almoçar.
>
> Por ora, não peço outra coisa
> senão a justiça do comer[87].

---

87. Excertos de NERUDA, P. *Extravagaria*. Nova York: Farrar/Straus/Giroux, 1974, p. 45-47.

4) Mesa do altar

> Mesa do banquete
> mesa do Senhor
> mesa do povo do Senhor
> aberta a todos, pronta para todos
> judeus/gregos
> escravos/livres
> varões/mulheres
> Vinde, assentai-vos "à mesa de boas-vindas"
> liberdade para todos se assentarem
> sem reserva de assentos
> sem parcialidade
> sem discriminação.
> "Todos vós sois um em Cristo" (William G. Storey, in: LGWO, 53).

5) Jo 6,51

> O pão que eu darei para a vida do mundo é minha carne.

6) Instrução catecumenal do século IV para os recém-batizados

> Estendei vossas mãos, fazendo com que a mão esquerda se torne o trono para a direita, que recebe o rei (Cirilo de Jerusalém, V Catequese Mistagógica, 21).

7) Distribuição da comunhão

> O corpo de Cristo.
> Amém (OM 135).

8) Santo Agostinho

> Se vós sois o corpo de Cristo e seus membros, é o vosso sacramento que repousa sobre o altar do Senhor. É o vosso sacramento que vós recebeis. Vós respondeis "amém" àquilo que vós mesmos sois e, ao responder, vós vos envolveis. Vós respondeis "amém" às palavras "O corpo de Cristo". Sede, pois, um membro do corpo de Cristo para tornar verídico vosso "amém" (Sermão 272[88]).

---

88. In: HAMMAN, A. (org.). *The Mass*: Ancient Liturgies and Patristic Texts. Nova York: Alba House, 1967, p. 207.

9) Oração Eucarística III

> Concedei que, alimentando-nos
> com o corpo e o sangue do vosso Filho,
> sejamos repletos do Espírito Santo
> e nos tornemos em Cristo
> um só corpo e um só espírito (OM 114).

10) Cálice e patena

> Cálice e patena
> formados desde o coração da terra,
> forjados pelo fogo,
> moldados,
> feitos no perfil do sacramento.
> Criaturas da terra
> erguendo-se até alcançar
> a divindade sublime.
> Vasos humanos, recheados
> com pão partido;
> vinho vertido
> Cristo junto de seu povo (Estelle Martin, in: LGWO, 53).

11) Oração após a comunhão

> Ouvi, ó Deus, as nossas preces,
> para que este convívio redentor
> nos seja um auxílio na vida presente
> e penhor da eterna alegria.
> Por Cristo, nosso Senhor (Quinta-feira da Oitava da Páscoa, MR).

Texto suplementar

12) Oração após a comunhão

> Santificai-nos, ó Deus,
> pela participação na mesa do Cristo,
> a fim de que, membros do vosso Corpo,
> sejamos transformados naquele que recebemos (28 de agosto, dia de Santo Agostinho).

Referências para reflexão

BERNARDIN, J. *Guide for the Assembly*. Chicago: Liturgy Training, 1997, p. 19-21.

BERNSTEIN, E. (org.). *Liturgical Gestures Words Objects*. Notre Dame: Notre Dame Center for Pastoral Liturgy, 1995.

MAHONY, R. *Gather Faithfully Together*: Guide for Sunday Mass. Chicago: Liturgy Training, 1997, p. 20-25.

RAMSHAW, G. *Words around the Table*. Chicago: Liturgy Training, 1991.

8
O envio

Introdução

Os ritos conclusivos da missa são bastante breves. Consistem dos seguintes elementos rituais:

- saudação;
- bênção;
- despedida;
- reverência ao altar.

A mistagogia para esta parte irá centrar-se na despedida.

Instruções de suporte[89]

O núcleo central dos ritos finais é a bênção final e a despedida. A proposta da despedida do povo é que "cada qual retorne às suas boas obras, louvando e bendizendo a Deus" (IGMR 90). Para usar uma analogia humana, esses ritos são semelhantes à nossa resposta a toda e qualquer experiência que nos tocou profundamente, como por exemplo uma experiência de vida, de um concerto musical ou de uma vitória de nosso time favorito. Sabemos que isso foi um presente, uma bênção, e resolvemos levar isso conosco na forma de memória, uma lembrança. Pense, por exemplo, na alegria que sentimos diante de um passeio turístico maravilhoso e as fotos, histórias e suvenires que trazemos conosco para partilhar com os outros. Nos ritos conclusivos da missa reconhecemos que Deus nos abençoou com os dons sa-

---

89. Estas instruções resumidas repetem e ampliam o que escrevi em "A Mystagogy of the Eucharist". *Liturgical Ministry*, 20, 2011, p. 165-166.

grados que celebramos, e aceitamos nossa responsabilidade para levar esses dons conosco e vivenciá-los em nosso dia a dia: "Abençoe-vos Deus todo-poderoso, Pai e Filho e Espírito Santo". "Amém". "Ide em paz, e o Senhor vos acompanhe". "Graças a Deus".

Uma missão

Muito embora os ritos finais sejam bastante breves e muito simples, o significado da despedida, em particular, é bem mais profundo. O Cardeal Bernardin comenta seu significado numa série de frases mistagógicas maravilhosas: "A despedida da assembleia é *como o partir o pão*. Nós nos tornamos 'o pão da vida' e o 'cálice da bênção' para o mundo. Agora somos dispersados, derramados pelo mundo afora. O que acontece em casa, no trabalho, nas refeições? O que devemos fazer com nosso tempo, com nossas palavras, nossas ações, nossos recursos de todos os tipos? É isso que está em questão"[90]. De modo muito semelhante, o Papa João Paulo II escreveu que: "A despedida no final de cada missa constitui *um mandato*, que impele o cristão para o dever de propagação do Evangelho e de animação cristã da sociedade" (MND, 24).

Não devemos subestimar a grande dignidade e extrema seriedade dessa missão para os cristãos. Somos enviados para levar adiante a missão de Cristo, mesmo que seja muito além das fronteiras do cristianismo. A estudiosa da Sagrada Escritura Leslie Newbigin escreveu que "os cristãos são a hermenêutica do Evangelho, e para muitas pessoas esse será o único evangelho que eles irão ler em suas vidas"[91]. Do mesmo modo, o Papa João XXIII teria dito certa vez que: "O cristão é o oitavo sacramento e o único sacramento que os não crentes poderão receber"[92].

Enviados em missão

O envio tem tudo a ver com a natureza missionária da Igreja. As palavras derradeiras de Jesus a seus discípulos foram: "Ide, pois, fazei discípulos

---

90. BERNARDIN, J. *Guide for the Assembly*, p. 23, n. 79 [grifos nossos].
91. NEWBIGIN, L. *The Gospel in a Pluralistic Society*. Grand Rapids: William B. Eerdmans, 1989, p. 227.
92. JOÃO XXIII, citado em diversas páginas da web, sem referência de fontes.

meus todos os povos, batizando-os em nome do Pai e do Filho e do Espírito Santo, ensinando-os a observar tudo quanto vos mandei. Eis que eu estou convosco, todos os dias, até o fim do mundo" (Mt 28,19-20). A fórmula latina para a despedida *Ite, missa est* pode ser traduzida como "Ide, a missa terminou" ou como "Ide, vós sois enviados". Ao escolher a segunda versão, o Papa Bento XVI escrevera: "A referida saudação exprime sinteticamente a natureza missionária da Igreja; seria bom ajudar o Povo de Deus a aprofundar esta dimensão constitutiva da vida eclesial, tirando inspiração da liturgia" (SCa 51).

As duas versões de despedida acrescentadas na recente versão revisada do *Missal Romano* (OM 143) sublinham também essa função missionária: "Ide e anunciai o Evangelho do Senhor", e "Glorificai o Senhor com vossa vida: Ide em paz e o Senhor vos acompanhe". Nas palavras do colega de faculdade, Anthony J. Gittins, discípulos são aqueles que são chamados para serem enviados, que são co-missionados junto com Jesus. Ele foi enviado para trazer ao mundo a autodoação total e incondicional do amor de Deus[93]. Mas essa é também a nossa missão.

Proclamação silenciosa

A missão primordial a que são enviados os discípulos de hoje na conclusão de cada celebração eucarística tem sido descrita nos documentos da Igreja como uma "proclamação silenciosa" do Evangelho. É isso que fazemos com o testemunho silencioso de nossas próprias vidas. Numa exortação apostólica de 1975 o Papa Paulo VI apresenta uma descrição viva de como se realiza essa proclamação silenciosa.

> Suponhamos um cristão ou um punhado de cristãos que, no seio da comunidade humana em que vivem, manifestam a sua capacidade de compreensão e de acolhimento, a sua comunhão de vida e de destino com os demais, a sua solidariedade nos esforços de todos para tudo aquilo que é nobre e bom. Assim, eles irradiam, de um modo absolutamente simples e espontâneo, a sua fé em valores que estão além dos valores correntes, e a sua esperança em qualquer coisa que se não vê e que não se seria capaz sequer de imaginar. Por força deste testemunho sem pa-

---

93. GITTINS, A.J. *Called to Be Sent*: Co-Missioned as Disciples Today. Liguori: Liguori, 2008.

lavras, estes cristãos fazem aflorar, no coração daqueles que os veem viver, perguntas indeclináveis: Por que eles são assim? Por que eles vivem daquela maneira? O que é – ou quem é – que os inspira? Por que eles estão conosco? Pois bem: um semelhante testemunho constitui já uma proclamação silenciosa, mas muito valorosa e eficaz, da Boa-nova. Nisso há já um gesto inicial de evangelização (EN 21).

A despedida litúrgica, então, nos remete de volta para nossa missão de vida, para aquilo que Ion Bria chamou de "a liturgia após a liturgia"[94], ou, de outro modo, "a liturgia do próximo". Karl Rahner nos apresentou uma imagem muito parecida quando falou de morrer e ressuscitar que acontece na vida do dia a dia no mundo, como a "liturgia do mundo". Liturgia e vida interpenetram-se e fluem mutuamente uma na outra num intercâmbio dinâmico. As reflexões de Rahner e Bria nos fornecem um pano de fundo que nos ajuda a compreender esse intercâmbio, que merecem mais reflexão a respeito[95].

Vida como liturgia

Vamos considerar primeiramente as reflexões feitas por Karl Rahner[96]. Na compreensão antiga a respeito de sacramento, particularmente do sacramento da Eucaristia, os seres humanos deveriam abandonar o mundo secular, profano (as raízes latinas da palavra *pro-fanum* significam literalmente *fora do templo*), do qual Deus está distante, de modo que possam entrar no templo (*fanum*). É só ali no templo que se pode encontrar a Deus, como presente e salvador. Na nova compreensão que se tem do sacramento, de acordo com Rahner, o Deus que estava presente junto com os israelitas na viagem do êxodo está presente em todo lugar no mundo, um mundo permeado até suas profundezas pela graça de Deus. Rahner nos diz que a história do mundo é uma história terrível e sublime de morte e ressurreição, ao

---

94. BRIA, I. "The Liturgy after the Liturgy" [disponível em: www.rondtbmsk.ru/info/en/Brian_en.htm]. • BRIA, I. *The Liturgy after the Liturgy*: Mission and Witness from an Orthodox Perspective. Genebra: WCC, 1996, p. 19-35.

95. Os dois parágrafos seguintes foram tirados, e sofreram algumas modificações, de meu artigo "Eucharist as Memorial" (in: RYAN, R. (org.). *Dictionary of the Passion*. Roma: Città Nuova).

96. RAHNER, K. "Considerations on the Active Role of the Person in the Sacramental Event". In: *Theological Investigations*. Vol. XIV. Nova York: Seabury, 1976, p. 161-184.

mesmo tempo pequena e grande. Essa história alcançou sua plenificação na morte e ressurreição de Cristo, no qual todos nós somos recolhidos em todos os nossos momentos diários em que morremos e ressuscitamos, por menores que sejam esses momentos. Rahner chama essa história de "a liturgia do mundo". Liturgia em sentido estrito, uma vez que a liturgia que acontece na igreja não passa de um sinal tênue, uma *anamnesis*, na qual recordamos e interpretamos a liturgia do mundo que experimentamos. Essa liturgia do mundo está oculta, não aparece sempre em meio às preocupações, responsabilidades, e complexidades da vida diária. Precisamos da liturgia eclesial para que ela nos ajude a dar nome e interpretar essa outra.

A segunda reflexão nos é apresentada por Ion Bria[97]. Pautando-se em discussões atuais com o cristianismo ortodoxo sobre a relação entre eclesiologia e missiologia, Bria fala de vida no mundo como "a liturgia após a liturgia". Os fiéis são enviados da liturgia eclesial para dentro da vida do dia a dia, para oferecer a liturgia do serviço e do amor para ajudar os semelhantes. Muitos chamaram a essa como "liturgia do semelhante", ou como a "liturgia ofertada no altar do coração do nosso semelhante". Ali vamos encontrar continuidade e unidade entre essas duas liturgias, uma ofertada na liturgia eclesial e a outra vivida na vida cristã diária.

Pode ser que não estejamos acostumados a pensar a nossa morte e ressurreição, que experimentamos em nossas vidas diárias, como liturgia. Só precisamos olhar para a vida de Jesus, a quem seguimos, para encontrar um novo e inesperado modo de pensar. Edward Schillebeeckx observa que Jesus não doou sua vida num ritual litúrgico solene. Foi uma execução, um evento secular que aconteceu fora dos muros de Jerusalém, não no templo. Ele não era levita nem sacerdote, autorizado pelas leis judaicas para oferecer sacrifícios de culto. Apesar disso, consideramos sua morte como o supremo ato de culto. A doação de sua vida que Jesus realizou consumado na morte de cruz deu um novo significado à vida cristã de autodoação. É aqui que Schillebeeckx escreveu que:

---

[97]. Cf. BRIA, I. "The Liturgy after the Liturgy" [disponível em: www.rondtbmsk.ru/info/en/Brian_en.htm].
• BRIA, I. *The Liturgy after the Liturgy*: Mission and Witness from an Orthodox Perspective. Genebra: WCC, 1996, p. 19-35. • BRIA, I. "The Liturgy after the Liturgy". *International Review of Mission*, 67, jan./1978, p. 86-90.

O Calvário não foi uma liturgia da Igreja, mas um momento da vida humana, que Jesus experimentou como culto. É nele que se pode encontrar nossa redenção. Não fomos remidos num ato puro de devoção, um serviço litúrgico – nossa redenção se cumpriu num ato que era parte da vida humana de Jesus, situada na história e no mundo. [...] Pode-se muito bem falar de liturgia secular. [...] Nesse sentido, surgiu um novo conceito de devoção – a vida humana, ela própria, experimentada como liturgia ou como adoração de Deus. Assim, o culto adquire um novo significado no Novo Testamento – a vida no mundo partilhada com os semelhantes deve ser ela própria um "sacrifício espiritual". Na base do autossacrifício de Jesus, agora a vida dos cristãos nesse mundo pode se tornar um culto de adoração[98].

Na Igreja primitiva, essa ideia de a vida ser considerada um sacrifício vivo, espiritual foi adotada primordialmente para a vida dos cristãos (cf. Rm 12,1; 1Pd 2,5; Hb 13,15). Nas palavras de Rahner, a liturgia da Igreja é um pequeno sinal, a *anamnesis* e interpretação da liturgia do mundo, nosso morrer e ressuscitar na vida cotidiana.

Se o objetivo tanto da liturgia quanto da catequese for a iniciação nos mistério de morte e ressurreição de Cristo (CIC 1075), e se, com São Paulo, consideramos a vida cristã como uma jornada de morte e ressurreição com Cristo, dia após dia (cf. 2Cor 4,10), então tanto a celebração litúrgica quanto a reflexão sobre sua interpretação da vida cristã devem ser um motivo que nos encaminha para esse objetivo. Os cristãos são convocados a se tornarem um sacrifício espiritual vivo, oferecendo todo seu tempo de vida de "adoração secular" em imitação de Cristo. É essa a missão para a qual somos enviados para o mundo, para sermos Cristo para o mundo. Teresa de Ávila (1515-1582) expressa isso de forma muito bonita no seguinte poema:

> Cristo não possui outro corpo que o teu,
> Não tem mãos, não tem pés sobre a terra a não ser os teus,
> teus são os olhos com os quais Ele vê
> compaixão neste mundo
> são os teus pés que Ele tem para caminhar e fazer o bem,
> tuas são as mãos com as quais Ele abençoa todo o mundo

---

98. SCHILLEBEECKX, E. *God the Future of Man*. Nova York: Sheed & Ward, 1968, p. 99-100.

tuas são as mãos, teus são os pés,
teus são os olhos, tu és seu corpo.
Agora o Cristo não tem outro corpo a não ser o teu.
teus são os olhos com os quais Ele vê
compaixão neste mundo.
Agora o Cristo não tem outro corpo sobre a terra a não ser o teu[99].

Recapitulação

Essas reflexões nos proporcionam um modo de recapitular uma linha mestra de pensamento que percorreu todas essas instruções de suporte. Aquilo que nós celebramos na liturgia em Palavra e Sacramento deve ser vivenciado em nossas vidas, antes e depois da liturgia. A procissão de entrada forma uma ponte para os cristãos atravessarem da vida para a liturgia. No rito de entrada, uma cruz processional, velas e o Evangeliário segurado ao alto vão na frente da procissão. Nesses símbolos rituais está contido o coração da vida do cristão no mundo. Nossa morte e ressurreição vivenciados no mundo são trazidas para dentro da assembleia. A cruz é a história de Jesus, que deve ser assumida dia a dia por todo aquele que quer segui-lo (Lc 9,23). As velas nos contam a respeito do testemunho silente daqueles que são chamados a serem a luz do mundo (Mt 5,14-16), seguindo aquele que é a luz do mundo (Jo 8,12). O Evangelho conta a história daqueles que, como Jesus, estão dispostos a abandonar suas vidas para, por amor, servir à sua causa e à causa do Evangelho (Mc 8,35). Todos nós podemos caminhar – em espírito e não de fato – nessa procissão por entre a assembleia, carregando conosco nossas obras diárias, nossas vidas e nosso mundo enquanto nossa liturgia do mundo[100]. Depois, na apresentação do pão e do vinho, os símbolos que condensam nosso trabalho, nós mesmos e nosso mundo, também podemos caminhar espiritualmente para colocar nossos dons sobre a mesa do altar para as ofertas que irão se seguir. No ponto

---

99. Disponível em: www.journeywithjesus.net/PoemsAndPrayers/Teresa_Of_Avila_Christ_Has_No_Body.shtml.

100. Essa compreensão da vida humana como uma liturgia está graficamente retratada na cruz pintada nas culturas de língua espanhola. Na cruz estão pintadas cenas de todos os aspectos da vida e do trabalho humanos. Na web abunda esse tipo de imagem.

central da oração eucarística (a *anamnesis*), unimos a oferenda de nós mesmos com a auto-oferenda ou autossacrifício de Cristo. E depois, nutridos pelos dons da autodoação do próprio Cristo a nós, somos reenviados para o mundo para vivenciar a liturgia da vida, cada um de nós, a seu modo, esforçando-se para ser pão para a vida do mundo. A despedida e a partida são a ponte da liturgia de volta para o mundo[101]. A saudação antes da despedida nos assegura que não vamos sós: "O Senhor esteja convosco". Nós somos enviados para ser sua imagem e presença em nosso mundo.

Quando novamente nos reunimos, é dessa liturgia da vida que retornamos e que trazemos conosco para ser a liturgia eucarística. Refletindo nas palavras do Papa Bento, citadas acima, Gregory Pierce nos aconselha a pensarmos na nossa reunião, não apenas como um juntar-nos, como se fosse pela primeira vez, mas, ao contrário, como um retorno de uma missão[102]. Com isso, o ciclo entre liturgia e vida está completo, o ciclo, ou melhor, a espiral que cresce e se aprofunda, pronta para ser repetida sempre e cada vez de novo. Então, seguramente, o rito de nos reunirmos e sermos enviados, a ponte litúrgica indispensável pela qual nos movemos para frente e para trás entre liturgia e vida cristã, merece todo nosso cuidado pastoral[103].

A mistagogia

A preparação do local

A ambientação para esse encontro poderia expor a cruz processional da comunidade em seu pedestal e o Evangeliário em seu relicário, ladeados por velas acesas. Convidando os participantes para se aproximarem e venerar a cruz, tocando-a ou fazendo reverência, se for oportuno, no decorrer do encontro ou na conclusão do passo a passo reflexivo.

---

101. Eileen D. Crowley, uma colega de faculdade, sugere que acima da porta principal, ao sairmos, possamos ver escritos os seguintes dizeres: "entrada para os que vão servir".

102. PIERCE, G.F.A. *The Mass Is Never Ended*: Rediscovering Our Mission to Transform the World. Notre Dame: Ave Maria, 2007, p. 42-43.

103. P. ex., não faria sentido colocar a cruz e o Evangeliário num relicário no nártex do vão de entrada da Igreja para que as pessoas pudessem venerar tanto quando entram para junto da assembleia para celebrar a Eucaristia quanto na hora em que são enviados em missão de volta para a vida?

Tabela 8A

	Tópico de *slide* para PowerPoint
Título	Ser enviados
Imagem	Mão do presidente da celebração elevada abençoando (*close*) ou: "Ide e fazei discípulos" mencionando fonte (Giselle Bauche)

Observar a experiência

- O que fazemos como parte do rito conclusivo?

Tabela 8B

	Extrair os elementos em detalhes

- Num momento de silêncio, recordar e reviver essas coisas.
- Mencionar em voz alta os elementos de que você mais gosta.
- Quais são os elementos que mais o ajudam a compreender o que significa a despedida?

Ações e símbolos rituais

Tabela 8C

Temas	Bênção missão vida como liturgia
Título	Despedida
Texto 1	"A despedida..." [inserir o texto completo, depois sublinhar "como o partir o pão"]
Título	Chamados para ser enviados
Texto 2	Bento XVI [inserir texto completo, depois sublinhar "tirando inspiração da liturgia"]
Título	Enviados em missão
Imagem	"Ide e fazei discípulos"
Texto	(Gisele Bauche) [citar fonte, embaixo da imagem]
Título	Enviados para anunciar o Evangelho
Texto 3	João Paulo II [inserir texto completo, depois sublinhar "um mandato, que impele o cristão"]

Temas	Bênção / missão / vida como liturgia
Título	Enviados para ser testemunhas
Texto 4a	Paulo VI: "Suponhamos um cristão... capaz sequer de imaginar" (mais) [inserir essa parte do texto].
Título	Proclamação sem palavras
Texto 4b	Paulo VI: "Por força deste testemunho sem palavras... gesto de evangelização" (EN 21) [inserir texto completo, depois sublinhar as frases "testemunho sem palavras" e "um semelhante testemunho constitui já uma proclamação sem palavras"]
Título	Enviados para consagrar o mundo
Texto 5	Concílio Vaticano II: "Na celebração..." (LG 34) [inserir o texto completo, depois sublinhar as frases "adoradores agindo santamente em toda parte" e "os leigos [...] consagram a Deus o próprio mundo"]
Título	A vocação cristã
Texto 6	Newbigin [inserir texto completo com referências abreviadas]
Texto 7	João XXIII [inserir texto completo, mencionar fonte]

Recapitulação

Tabela 8D

Temas	Enviados em missão
Título	Ser enviados
Imagem	"Ide e fazei discípulos", com menção de fonte (Giselle Bauche)

Textos

1) Manual para a assembleia

A despedida da assembleia é como o partir o pão. Nós nos tornamos "o pão da vida" e o "cálice da bênção" para o mundo. Agora somos dispersados, derramados pelo mundo afora. O que acontece em casa, no trabalho, nas refeições? O que devemos fazer com nosso tempo, com nossas palavras, nossas ações, nossos recursos de todos os tipos? É isso que está em questão.
(BERNARDIN, J. *Guide for the Assembly*, p. 79)

2) Bento XVI

Ite, missa est. A referida saudação exprime sinteticamente a natureza missionária da Igreja; seria bom ajudar o Povo de Deus a aprofundar esta dimensão constitutiva da vida eclesial, tirando inspiração da liturgia (SCa 51).

3) João Paulo II

A despedida no final de cada missa constitui *um mandato*, que impele o cristão para o dever de propagação do Evangelho e de animação cristã da sociedade (MND 24).

4) Paulo VI

Suponhamos um cristão ou um punhado de cristãos que, no seio da comunidade humana em que vivem, manifestam a sua capacidade de compreensão e de acolhimento, a sua comunhão de vida e de destino com os demais, a sua solidariedade nos esforços de todos para tudo aquilo que é nobre e bom. Assim, eles irradiam, de um modo absolutamente simples e espontâneo, a sua fé em valores que estão além dos valores correntes, e a sua esperança em qualquer coisa que se não vê e que não se seria capaz sequer de imaginar. Por força desse testemunho sem palavras, estes cristãos fazem aflorar, no coração daqueles que os veem viver, perguntas indeclináveis: Por que eles são assim? Por que eles vivem daquela maneira? O que é – ou quem é – que os inspira? Por que eles estão conosco? Pois bem: um semelhante testemunho constitui já uma proclamação silenciosa, mas muito valorosa e eficaz, da Boa-nova. Nisso há já um gesto inicial de evangelização (EN 21).

5) Concílio Vaticano II

[As alegrias e tristezas] são piedosamente oferecidas ao Pai com a oblação do Senhor na celebração da Eucaristia. Assim também os leigos, como adoradores agindo santamente em toda parte, consagram a Deus o próprio mundo (LG 34).

6) Newbigin

Os cristãos são a hermenêutica do Evangelho, e para muitas pessoas esse será o único evangelho que eles irão ler em suas vidas (*The Gospel in a Pluralist Society*, p. 227).

7) João XXIII

Os cristãos são o oitavo sacramento e o único sacramento que os não crentes poderão receber[104].

Referências para reflexão

BERNARDIN, J. *Guide for the Assembly*. Chicago: Liturgy Training, 1997, p. 22-23.

BERNSTEIN, E. (org.). *Liturgical Gestures Words Objects*. Notre Dame: Notre Dame Center for Pastoral Liturgy, 1995.

BRIA, I. *The Liturgy after the Liturgy*: Mission and Witness from an Orthodox Perspective. Genebra: WCC, 1996.

MAHONY, R. *Gather Faithfully Together*: Guide for Sunday Mass. Chicago: Liturgy Training, 1997, p. 25.

PIERCE, G.F.A. *The Mass Is Never Ended*: Rediscovering Our Mission to Transform the World. Notre Dame: Ave Maria Press, 2007.

---

104. Numa infinidade de *sites*, essa afirmação é atribuída ao Papa João XXIII, p. ex. em: www.officeforpastoralservices.org/resources/worship_%20sacraments.pdf

9
Dizer amém

Introdução

"Amém" é uma palavra dita sempre de novo no decurso da celebração eucarística. Por isso é conveniente que essa reflexão final da mistagogia da missa se concentre nessa resposta dita pela assembleia.

Instruções de suporte

Qual é a primeira palavra dita pela assembleia após a procissão de entrada? Em geral, as pessoas têm de pensar um pouco para responder a essa simples questão, mas com um pouco de tempo logo respondem. Mas é preciso bem mais tempo para mencionar em ordem de ocorrência todas as vezes que a assembleia repete "amém" no decorrer da celebração. É uma simples palavra, repetida tantas vezes durante as invocações e orações, que tendemos a dar pouca ou nenhuma atenção a isso. Numa reflexão poética cativante sobre essa palavra Barbara Schmich escreve:

> Seja cuidadoso com palavras simples repetidas constantemente.
> "Amém" cria exigências
> como um professor implacável:
> atenção feroz a tudo que se diz;
> não é permitida apatia, preocupação, prejulgamento.
> "Amém": estamos aqui presentes. Estamos abertos.
> Nós auscultamos. Nós compreendemos.
> Estamos aqui, estamos ouvindo tua Palavra.
> "Amém" cria exigências
> como uma assinatura sobre uma linha pontilhada:

conexão sóbria com tudo que nos precede,
hesitação, meias-medidas, reserva mental não são permitidas.
"Amém": nós sustentamos. Nós aprovamos.
Somos um único pensamento. Nós prometemos.
Que isso suceda. Que assim seja.
Tome cuidado quando você for dizer "Amém"[105].

Quando é que estamos mais despertos, mais cuidadosos ao dizermos nosso "amém"? Muitas pessoas identificam rapidamente o grande amém na conclusão da oração eucarística e nosso "amém" pronunciado quando recebemos o corpo e sangue de Cristo na comunhão, como sendo esses momentos. Normalmente, estamos bem focados e conscientes quando dizemos "amém" na comunhão, por causa da sacralidade do momento. Aclamando o amém por três vezes nós concentramos também nossa atenção na palavra pronunciada tantas vezes na liturgia que tendemos a ignorar isso. Mas essa palavra é dita bem mais vezes do que essas.

Entre os cristãos, os judeus e os muçulmanos, a palavra "amém" tem se tornado hoje uma simples resposta ritual para orações que beiram tornar-se rotina. Normalmente, é atribuída a raízes judaicas (e outras raízes semitas), da qual é uma transliteração. Muitas pessoas sabem que essa palavra significa "que assim seja" ou "que isso venha a acontecer". É traduzida também como "em verdade", e muitas dos ditos de Jesus. De qualquer modo, seu significado é muito mais rico que uma simples conclusão ritual de uma oração, que diz amém àquilo que se disse. A raiz de onde provém esse "amém" parece significar "confirmar, assentir, ser e estar firme, ser fidedigno, ser digno de confiança". Duas conotações importantes são significativas para nós. Uma indica o consentimento àquilo que é dito. No contexto bíblico, isso envolve crer e manter-se perseverante naquilo que foi dito por Deus. É um ato de fé, fincar pé firme naquilo que Deus disse[106]. A outra conotação aponta para o sentido de sermos cumpridores leais e fiéis da Palavra de Deus. Nesse sentido, "amém" é participativo e compromissivo. Não dizemos apenas "sim, isso é verdade, nós acreditamos", mas dizendo isso, junto comprometemos a nós mesmos em fazer a nossa parte para que isso aconteça. "Que assim seja!"

---

105. SCHMICH, B. "Amen". In: LGWO, 30.

106. "Amém" tem uma raiz comum com a palavra bíblica para dizer fé. Ambas possuem sobretons não só de verdade, mas também de fidelidade.

E o que mais significa e faz nosso "amém" litúrgico? É uma palavra que une. Ela nos une, em primeiro lugar, uns aos outros e com a liturgia celestial. Ali, os anjos, os anciãos e as quatro criaturas vivas caem de joelhos com sua face diante do trono e adoram a Deus dizendo:

> Amém! A bênção e a glória e a sabedoria
> e a gratidão e a honra
> e o poder e o domínio
> sejam dados a Deus pelos séculos dos séculos! Amém.

Seu ato de adoração do Deus vivo começa e termina com o "amém". É esse "amém" também que contorna e permeia nosso culto de adoração. É a essa liturgia celestial que somos convidados para voltar nossos "corações ao alto", do começo da oração eucarística. O grande amém confirma a oração eucarística. Ele confirma nossa memória grata dos feitos grandiosos de Deus. Ele confirma a oferenda que fizemos de nós mesmos como sacrifício vivo de louvor em união com Cristo e nossas petições fervorosas pela graça de Deus em favor da Igreja e pelo mundo.

Em segundo lugar, o "amém" nos une com o Cristo ressuscitado. Para os cristãos, há ali de fato apenas um único "amém" que pode ser dito: o "amém" que é Cristo, que é "o amém, o testemunho fiel e verdadeiro, a origem da criação de Deus" (Ap 3,14). Percebemos, acima, no capítulo 6, que a liturgia é a ação de toda a assembleia. Mas também vimos que ela é mais do que isso. É primeiramente e antes de tudo a ação de Cristo, que é a cabeça do corpo, que celebra com Ele e por Ele (SC 7). Ele é o liturgo (*leitourgos*) no santuário, não feito por mãos humanas (Hb 8,2), que jamais cessa de oferecer a si mesmo e presidir na liturgia celestial. É a essa liturgia que elevamos nossos corações no começo da oração eucarística, em virtude de unir-nos com seu "amém". Nosso "amém" litúrgico não pode ser outro "amém" que o de Cristo. Na sagrada comunhão nós dizemos "amém" a Ele e a seu corpo, transformando o seu "amém" a Deus e ao mundo em nosso próprio "amém". Vamos refletir um pouco mais sobre esses dois "améns".

"Amém" é verdadeiramente uma palavra que define e resume toda a liturgia. Alguns anos atrás eu estava folheando as Escrituras procurando por uma maneira bíblica sucinta de definir a liturgia. Encontrei a resposta no primeiro capítulo da Segunda Epístola de Paulo aos Coríntios. Como acontece tantas vezes nas cartas de Paulo, diante de alguma questão pastoral com que ele se defronta, esta sempre acaba por levá-lo a algum *insight* teológico marcante. A comunidade dos coríntios queixava-se de que Paulo não teria cumprido a promessa que fizera de voltar a visitá-los.

> Eu passaria por vós ao dirigir-me à Macedônia e, ao voltar, iria novamente visitar-vos; e daí seria por vós encaminhado até à Judeia. Firmando este propósito, será que agi levianamente? Ou será que me proponho as coisas levado por sentimentos humanos, de maneira que haja em mim simultaneamente o sim e o não? (2Cor 1,16-17).

Em resposta a esse problema pastoral, Paulo responde com esse magnífico *insight*:

> Deus é fiel testemunha de que, quando vos dirijo a palavra, não existe um sim e depois um não. O Filho de Deus, Jesus Cristo, que nós, Silvano, Timóteo e eu, vos anunciamos, não foi sim e depois não, mas sempre foi sim. Porque todas as promessas de Deus são sim em Jesus. Por isso, é por Ele que dizemos "Amém" à glória de Deus em nós. Aquele que nos mantém firmes convosco em Cristo e que nos deu a unção, é Deus. Foi Ele também que nos marcou com seu selo e colocou em nossos corações, como um primeiro sinal, o Espírito (2Cor 1,16-22).

O que me chamou a atenção nessa passagem é que esse "sim/amém" é a palavra que resume tudo aquilo com que está às voltas a liturgia, dizendo "amém" com Cristo para a glória de Deus[107]. O *insight* de Paulo parte da fidelidade e das promessas (sempre "sim") na direção do "sim" de Jesus, e depois na direção do nosso "amém" litúrgico. Mas observe-se que o "sim/amém" dessa passagem se move em duas direções, provindo de Deus e depois retornando a Deus. Jesus é o "sim" de Deus a nós e ao mundo; Ele é também nosso "amém" dito em retorno a Deus. Vamos explorar um pouco mais a afirmação de Paulo, começando pelo movimento exterior.

Em primeiro lugar, a atitude de Deus frente à criação é fiel, jamais é de "sim e não". "O senhor é fiel em todas as suas palavras, e gracioso em todos os seus feitos", diz o salmista (Sl 145,13). Nas Escrituras, narra-se sempre de novo a fidelidade Deus para com os seres humanos – a promessa da aliança

---

[107]. Como me lembro, a tradução que eu estava procurando então deu mais ou menos a seguinte versão ao versículo 20: "é através dele que nós dizemos o amém quando adoramos".

feita a Noé marcada com o sinal do arco-íris (Gn 9–17), a promessa da aliança feita com os israelitas para guiá-los no êxodo e transformá-los numa grande nação poderosa (Ex 12,2; 32,10; Nm 14,12), a promessa de uma dinastia para a casa de Davi (2Sm 7,12-13; 1Cr 17,11-12). Essa fidelidade foi demonstrada em sua plenitude no Senhor Jesus. A última palavra que Ele disse a seus discípulos antes de sua ascensão foi sua promessa: "ensinando-os a observar tudo quanto vos mandei. Eis que eu estou convosco, todos os dias, até o fim do mundo" (Mt 28,20). Paulo assegura seus leitores de que a fidelidade do Senhor continua sendo efetiva para os cristãos primitivos: "Mas o Senhor é fiel; Ele irá vos fortalecer e vos guardar de todo mal" (2Ts 3,3). E mesmo "que nós sejamos infiéis, Ele permanece fiel – pois Ele não pode renegar a si mesmo" (2Tm 2,13). Jesus é fidelidade de Deus: "É por isso que pode salvar definitivamente os que por Ele se aproximam de Deus. Ele vive sempre para interceder em seu favor" (Hb 7,25). Jesus Cristo encarna a autodoação fiel de Deus no amor, Ele é o "sim" de Deus a nós e ao mundo. Retomaremos esse movimento exterior um pouco mais adiante, mas primeiramente algumas palavras sobre o movimento de retorno para Deus.

"Sim/amém" resume tudo que está em questão na liturgia. Por que é desse modo? Nosso "amém" passa por Ele, diz Paulo. Jesus viveu toda sua vida para realizar a vontade daquele que o enviou. Esse era o ponto central de sua espiritualidade, herdada de seus antecessores; era sua paixão e seu deleite (Sl 40,8). Até o último momento quando orava no jardim, diante da morte, Ele nada mais desejava senão fazer a vontade de Deus: "Pai, se for da tua vontade, afasta de mim esse cálice; mas não se faça a minha vontade, mas a tua" (Lc 22,42). Essa atitude moldou tudo que Ele fez e disse, ela conformou toda sua vida. O texto de Hebreus resume sua vida com essas palavras: "Vede, eu vim para fazer a tua vontade" (Hb 10,9). Toda a vida de Jesus foi um "amém" a Deus, à vontade de Deus a seu respeito. Nós vimos anteriormente que sua vida pode ser vista como uma adoração secular. Ele é a melhor face da humanidade voltada para seu *Abba* na plena aceitação e na plena obediência da vontade de Deus. Que outra ou melhor devoção poderíamos oferecer a não ser juntar-nos a seu "amém"? É por isso que, através dele, dizemos o "amém" à glória de Deus. É possível dizer esse "amém" com Jesus porque Deus nos estabeleceu "em Cristo e nos ungiu colocando seu selo em nós e derramando seu espírito em nossos corações como uma primeira parcela". Jesus é o "sim" de nosso Deus sempre fiel, e é por Jesus que dizemos nosso "sim/amém" de volta a Deus. Não há outro "amém" que possamos dizer a não ser este seu "amém". É o Espírito derramado em nossos corações que nos une com Cristo e nos habilita a dizer seu "amém" quando adoramos a Deus em nossa assembleia litúrgica.

Retomamos então o movimento externo do "sim" de Deus em Jesus. Como foi observado acima, vivendo, morrendo e ressuscitando, numa vida que se resumia a interceder por nós, Jesus Cristo incorpora a autodoação de Deus em amor por nós, Ele é o "sim" de Deus para nós e para o mundo. Se nos juntamos a Jesus dizendo "amém" de volta a Deus na liturgia, devemos juntar-nos a Ele também para dizer o "sim/amém" de Deus para fora, para todas as pessoas e ao mundo. O "amém" litúrgico é compromissivo, ele nos compromete com um modo de viver para além da liturgia. Ele deve repercutir na vida do dia a dia o amor e a autodoação no serviço por todo o Povo de Deus, vida que cuida de toda a criação de Deus. Esse é o "amém" vivido que devemos dizer sempre de novo na "liturgia após a liturgia".

"Sim/amém" resume de maneira muito bonita e integra perfeitamente liturgia e vida, dizendo o "amém" e vivendo esse "amém". Refletir sobre isso é o modo mais apropriado que podemos ter para concluir nosso passo a passo mistagógico da Eucaristia.

A mistagogia

A preparação do local

Na preparação do ambiente para esse encontro pode-se tranquilamente convidar para cantar o "amém". Por exemplo, convidar as pessoas para cantar a versão do amém de Jester Hairston em que se acompanha batendo palmas, uma composição que apareceu no filme *Lilies of the Field* [lançado no Brasil como *Uma voz nas sombras*] de 1963[108]. O "Choral Amen" ["Amém coral"] de John Rutter também é uma excelente interpretação, assim como o "amém" conclusivo no final do Credo na *Missa Solemnis* de Beethoven. Pode-se também expor um letreiro do tamanho de um cartaz com uma bela caligrafia, contendo a palavra "amém", colocando-se ao lado o círio pascal.

---

108. Cf. a excelente interpretação feita pelo Soweto Gospel Choir no Youtube: "Soweto Gospel Choir – Amen" [disponível em: www.youtube.com/watch?v=43dauV6tQ7w].

Tabela 9A

	Tópico de *slide* para PowerPoint
Título	Dizer "amém"
Imagem	Amém em hebraico [acrescentar o seguinte, individualmente:] Um letreiro com a palavra "amém" Amém na linguagem de sinais

Observar a experiência

- Qual é a primeira palavra dita pela assembleia após a procissão de entrada?
- Em que outros momentos da celebração da missa dizemos novamente o amém?

Tabela 9B

Extrair os elementos em detalhes

- Qual é seu "amém" favorito?
- O que significa essa palavra?
- Por que dizemos "amém"?
- No transcorrer da missa a que dizemos "amém"?

Tabela 9C

Tema	Liturgia – dizer "amém"
Título	Dizer "amém"
Texto 1	2Cor 1,20-22 [inserir o texto completo, com a citação]
Título	Dizer "amém"
Texto 2	2Cor 1,20 [inserir o texto das Escrituras com a citação: acrescentar as frases restantes, uma a uma, como no texto abaixo]
Texto 3	Ap 3,14 [inserido ao final do *slide* com a citação]
Título	Dizer "amém"
Texto 4	2Cor 1,21 [inserir o texto das Escrituras com citação: acrescentar as linhas restantes uma a uma, como no texto abaixo]
Título	Dizer "amém"
Texto 5	"Amém" [ler o poema e ao final inserir a última linha:] "Tome cuidado quando você for dizer 'Amém'".

Recapitulação

Tabela 9D

Temas	Amém com Cristo para Deus – adoração Amém com Cristo para o mundo – missão Amém resume as duas coisas, liturgia e liturgia da vida
Título	Dizer "amém"
Imagens	Imagem do amém sobreposta: hebraico, caligrafia, linguagem de sinais, acrescentados um por um como no *slide* de tópicos

Textos

1) 2Cor 1,20-22

Porque todas as promessas de Deus são sim em Jesus. Por isso, é por Ele que dizemos "Amém" à glória de Deus em nós. Aquele que nos mantém firmes convosco em Cristo e que nos deu a unção, é Deus. Foi Ele também que nos marcou com seu selo e colocou em nossos corações, como um primeiro sinal, o Espírito.

2) 2Cor 1,20

"Porque todas as promessas de Deus são sim em Jesus" (2Cor 1,20).
No viver
No morrer
No ressuscitar
Nas intercessões incessantes
Jesus Cristo é a autodoação de Deus no amor
O "sim" de Deus para nós e ao mundo.

3) Ap 3,14

O amém, a testemunha fiel e verdadeira, a origem da criação de Deus.

4) 2Cor 1,21

Por isso, é por Ele que dizemos "Amém" à glória de Deus em nós (2Cor 1,21).
O "sim" de Cristo a Deus é nosso "sim" a Deus
Seu "sim" aos outros e ao mundo
deve tornar-se nosso "sim".

5) Amém

Seja cuidadoso com palavras simples repetidas constantemente.

"Amém" cria exigências
como um professor implacável:
atenção feroz a tudo que se diz;
não é permitida apatia, preocupação, prejulgamento.

"Amém": estamos aqui presentes. Estamos abertos.
Nós auscultamos. Nós compreendemos.
Estamos aqui, estamos ouvindo tua Palavra.

"Amém" cria exigências
como uma assinatura sobre uma linha pontilhada:
conexão sóbria com tudo que nos precede,
hesitação, meias-medidas, reserva mental não são permitidas.

"Amém": nós sustentamos. Nós aprovamos.
Somos um único pensamento. Nós prometemos.
Que isso suceda. Que assim seja.

Tome cuidado quando você for dizer "Amém" (Barbara Schmich, in: LGWO, 30).

Referências para reflexão

BERNSTEIN, E. (org.). *Liturgical Gestures Words Objects*. Notre Dame: Notre Dame Center for Pastoral Liturgy, 1995.

RAMSHAW, G. *Words around the Table*. Chicago: Liturgy Training, 1991, p. 120-122.

CULTURAL
- Administração
- Antropologia
- Biografias
- Comunicação
- Dinâmicas e Jogos
- Ecologia e Meio Ambiente
- Educação e Pedagogia
- Filosofia
- História
- Letras e Literatura
- Obras de referência
- Política
- Psicologia
- Saúde e Nutrição
- Serviço Social e Trabalho
- Sociologia

CATEQUÉTICO PASTORAL
Catequese
- Geral
- Crisma
- Primeira Eucaristia

Pastoral
- Geral
- Sacramental
- Familiar
- Social
- Ensino Religioso Escolar

TEOLÓGICO ESPIRITUAL
- Biografias
- Devocionários
- Espiritualidade e Mística
- Espiritualidade Mariana
- Franciscanismo
- Autoconhecimento
- Liturgia
- Obras de referência
- Sagrada Escritura e Livros Apócrifos

Teologia
- Bíblica
- Histórica
- Prática
- Sistemática

REVISTAS
- Concilium
- Estudos Bíblicos
- Grande Sinal
- REB (Revista Eclesiástica Brasileira)
- SEDOC (Serviço de Documentação)

VOZES NOBILIS
Uma linha editorial especial, com importantes autores, alto valor agregado e qualidade superior.

PRODUTOS SAZONAIS
- Folhinha do Sagrado Coração de Jesus
- Calendário de mesa do Sagrado Coração de Jesus
- Agenda do Sagrado Coração de Jesus
- Almanaque Santo Antônio
- Agendinha
- Diário Vozes
- Meditações para o dia a dia
- Encontro diário com Deus
- Guia Litúrgico

VOZES DE BOLSO
Obras clássicas de Ciências Humanas em formato de bolso.

CADASTRE-SE
www.vozes.com.br

EDITORA VOZES LTDA.
Rua Frei Luís, 100 – Centro – Cep 25689-900 – Petrópolis, RJ
Tel.: (24) 2233-9000 – Fax: (24) 2231-4676 – E-mail: vendas@vozes.com.br

UNIDADES NO BRASIL: Belo Horizonte, MG – Brasília, DF – Campinas, SP – Cuiabá, MT
Curitiba, PR – Fortaleza, CE – Goiânia, GO – Juiz de Fora, MG
Manaus, AM – Petrópolis, RJ – Porto Alegre, RS – Recife, PE – Rio de Janeiro, RJ
Salvador, BA – São Paulo, SP